Paul de Vaublanc

Plage interdite aux éléphants

... et autres bizarreries du droit !

Éditions Bréal

ISBN 978-2-7495-1009-5

AVANT-PROPOS

SAVIEZ-VOUS que le juge utilise parfois des textes vieux de plusieurs siècles pour résoudre un litige ou que l'Alsace-Moselle applique encore des textes allemands ?

ÊTES-VOUS CONSCIENTS que les OVNI n'ont juridiquement pas le droit de survoler la ville de Châteauneuf-du-pape, qu'un village espagnol se situe en France dans le département des Pyrénées-Orientales et que les communes ne peuvent – selon le Code civil – transiger qu'avec l'autorisation du roi ! ?

IMAGINIEZ-VOUS un seul instant que c'est l'enseignement qui est obligatoire et non l'école, que des maires n'ont aucun administré ou encore que les parents peuvent s'opposer aux mariages de leurs enfants même majeurs ?

●●●

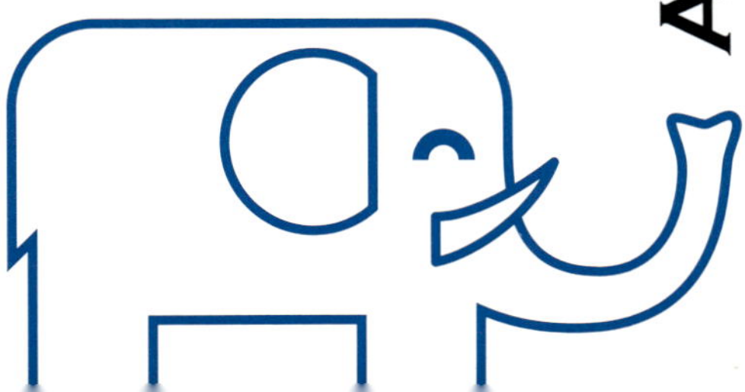

Ayant pour objectif de définir les règles régissant la vie en société et de sanctionner leurs manquements, le droit est généralement perçu comme une matière rigoureuse, austère et complexe, bref... ennuyeuse. Pour le profane, le langage du juriste s'apparente même parfois au chinois puisqu'un ascenseur est considéré comme étant un immeuble par nature, tandis qu'un chien, lui, est qualifié de meuble.

Pourtant, le droit ne se résume pas uniquement à cette réputation et peut s'avérer cocasse. En effet, l'histoire, les enjeux politiques, ou plus simplement une « absence » momentanée du législateur expliquent que des textes soient truffés de bizarreries et de dispositions insolites.

Le nombre de réglementations en est aussi une cause. Selon les services de Matignon, le volume du droit en vigueur est passé de 64 millions de signes (juillet 2005) à près de 72 millions trois ans plus tard. Soit l'équivalent de 25 000 pages format A4 !

Dès lors, rien d'étonnant à ce qu'une partie de ces écrits puisse prêter à sourire. C'est cet aspect insolite de certaines règles juridiques que nous vous invitons à découvrir.

« La loi est implacable, mais la loi est imprévisible.
Nul n'est censé l'ignorer, mais nul ne peut la connaître. »

Georges Perec

CETTE HISTOIRE serait cocasse si elle n'était pas dramatique. Stéphanie donne naissance à une fille en 1997. Le père biologique s'est évaporé pendant la grossesse. Trois ans plus tard, Stéphanie rencontre un homme avec qui elle décide de faire sa vie.

ADOPTER... SA FILLE !

Cet homme adopte la petite fille *via* la procédure de l'adoption plénière qui, selon le Code civil, confère à l'enfant une filiation qui se substitue à sa filiation d'origine. L'adoptée cesse donc d'appartenir à sa mère biologique qui n'était pas mariée à cet homme puisqu'elle « *cesse d'appartenir à sa famille par le sang** ».

Or, le couple se sépare en 2006. Dès lors, aux yeux de la loi, Stéphanie n'est plus la mère de sa fille. Solution invoquée ? Adopter sa propre fille.

Apparemment, personne n'avait prévu cette subtilité du Code civil.

* Article 356 du Code civil.

LORSQUE L'AGENCE allemande pour l'emploi propose un emploi « acceptable », il faut le prendre faute de quoi l'allocation peut être supprimée.

Or, la profession de péripatéticienne a été reconnue comme légale en 2002. L'industrie du sexe fait donc appel à cette agence. « Comme le métier n'est plus illicite, on pourrait théoriquement obliger quelqu'un à tirer ses revenus de la prostitution », souligne une avocate en droit social. Les journaux allemands ont révélé plusieurs cas de femmes dirigées vers des établissements de charme. On ignore si l'agence leur a coupé les vivres pour avoir refusé la place.

AGENCE POUR L'EMPLOI OU MAISON CLOSE ?

SAVIEZ-VOUS qu'un propriétaire d'un bien immobilier l'est également « *du dessus et du dessous** » de ce même bien selon une règle établie en 1804 ?

Ainsi, et en théorie, tout l'espace aérien situé à la verticale et au-dessus de la surface du sol de votre maison vous appartient. C'est pourquoi il vous est possible de contraindre un voisin à couper les branches de ses « *arbres, arbustes et arbrisseaux* » qui débordent sur votre propriété**.

AIR ET TERRE À VENDRE

Étant également propriétaire du dessous, c'est-à-dire, en théorie, du sous-sol à l'infini et cela jusqu'au centre de la Terre (!), vous pouvez donc – sans aucune autorisation – couper les racines des arbres des propriétés contiguës qui s'étendent et s'enfoncent dans votre sous-sol***. Mais, si cette propriété porte sur le sous-sol et ce qu'il contient (eaux souterraines, grottes, objets incorporés et également – avec de nombreuses exceptions – les mines, minières, carrières et gisements), vous ne pourrez vous lancer dans des fouilles sans l'aval de l'État.

* Article 552 du Code civil.

** Article 673 du Code civil issu d'une loi de 1921.

*** Article 673 alinéa 2 du Code civil.

SAVIEZ-VOUS que l'on peut perdre sa nationalité française ou en être déchu ?

C'est ainsi que « *le Français qui se comporte en fait comme le national d'un pays étranger peut, s'il a la nationalité de ce pays, être déclaré, [...] avoir perdu la qualité de Français** ». De même, un individu ayant acquis la nationalité française peut en être déchu dans le cas où il a « *porté atteinte aux intérêts fondamentaux de la Nation* » ou s'il s'est « *livré au profit d'un État étranger à des actes incompatibles avec la qualité de Français et préjudiciables aux intérêts de la France*** » (exemple : le terrorisme).

Cette règle ne s'appliquera cependant pas si elle a comme conséquence de rendre l'individu apatride, c'est-à-dire dépourvu de nationalité.

Concrètement, il existe une ou deux dénaturalisations par an. Et, selon l'Agence des Nations unies pour les réfugiés, il y aurait à travers le monde 15 millions d'apatrides.

ALLONS ENFANTS DE L'APATRIDE !

* Article 23-7 du Code civil.

** Article 25 du Code civil.

La scène se déroule en mai 2008 dans un wagon de la ligne Avignon TGV / Marne-la-Vallée. Un voyageur dépose à ses pieds une boîte à l'intérieur de laquelle se trouve une vingtaine d'escargots. Le contrôleur demande à ce passager de lui fournir le billet pour ces gastéropodes, les considérant comme des animaux domestiques.

L'attaché de presse régional de la SNCF précise que « tout animal vivant doit avoir un billet, c'est la règle ». « C'est une sorte d'assurance au cas où le train aurait un accident et que les animaux trouveraient la mort. Suivant la nuisance de votre animal, les passagers voisins sont même en droit de vous faire changer de place, voire de demander à ce que vous descendiez du train », poursuit-il.

Amende rocambolesque

Montant de l'amende ? 5,10 euros. Mais l'histoire rebondit ! La SNCF s'engage à rembourser le contrevenant et à lui offrir ce même trajet aller-retour en guise de dédommagement !

SAINT-LÉGER-des-Prés est un village d'Ille-et-Vilaine (Bretagne) dont le nombre d'habitants s'élève à un peu plus de 200. Il a attiré l'intérêt des médias locaux en raison de la passion qu'éprouvait son maire pour les ânes. Pour illustrer cette flamme, le premier magistrat prit un arrêté le 1er avril (un hasard ?) 1991 qui décoiffe par rapport aux autres actes administratifs et dont le contenu suit :

« Nous, maire de la commune.

Vu les textes écrits par Chateaubriand, à propos de l'âne, et publiés dans la Revue des Deux Mondes du 1er décembre 1834,

Vu en particulier cette affirmation selon laquelle " on couvre de son nom cent imbéciles qui ne sont pas dignes de lui ressembler ",

Vu également cette phrase de Chateaubriand rapportée par le comte de Marcellus (Chateaubriand et son temps) selon laquelle " c'est nous, nation rieuse, qui avons fait de l'âne un animal abject ",

Considérant que ces textes émanant d'un de nos plus grands écrivains ont force de loi,

Arrêtons :

Article premier : Il est interdit d'utiliser sur le territoire de la commune de Saint-Léger-des-Prés toute expression portant atteinte à l'honorabilité de l'âne, en particulier " bête comme un âne ", " ânerie ", " bonnet d'âne "…

Article second : Tout contrevenant pris en flagrant délit devra présenter ses excuses sous forme de carottes ou de sucreries aux ânes résidant sur le territoire de la commune.

Article troisième : Le maire de Saint-Léger-des-Prés et toute autre personne susceptible d'être intéressée par cette mesure, sont chargés, chacun en ce qui le concerne, de l'exécution du présent arrêté qui sera affiché à partir du 1er avril 1991. »

Les œuvres de Chateaubriand ont donc force de loi (?) et on peut présenter ses excuses sous forme de carottes ! Effectivement, comme on dit, le droit mène à tout… à condition d'en sortir.

« ANIMAL ANODIN ET STUPIDE »

DANS UN VILLAGE du Puy-de-Dôme, un conflit oppose un habitant à ses voisins propriétaires d'un poulailler que le premier estime trop proche, bruyant et malodorant.

Profondément agacés par la plainte, les juges vont trancher la question de façon ironique : « Attendu que la poule est un animal anodin et stupide, au point que nul n'est encore parvenu à le dresser, pas même un cirque chinois ; que son voisinage comporte beaucoup de silence, quelques tendres gloussements et des caquètements qui vont du joyeux (ponte d'un œuf) au serein (dégustation d'un ver de terre) en passant par l'affolé (vue d'un renard) ; que ce paisible voisinage n'a jamais incommodé que ceux qui, pour d'autres motifs, nourrissent du courroux à l'égard des propriétaires de ces gallinacés ; que la cour ne jugera pas que le bateau importune le marin, la farine le boulanger, le violon le chef d'orchestre, et la poule un habitant du lieu-dit La Rochelle, village de Salledes (402 âmes) dans le département du Puy-de-Dôme*. »

Par ces motifs, les juges donnent tort au plaignant. Cette décision sera cependant annulée par la Cour de cassation car « l'arrêt se borne à des considérations générales, étrangères aux faits de l'espèce ».

* Cour d'appel de Riom, 7 septembre 1995.

TOUT EST PRÉVU pour que le citoyen puisse exercer son droit de vote.

Ainsi, un Français de l'étranger pourra s'inscrire sur la liste électorale de sa commune natale, mais d'autres possibilités s'offrent à lui*.

AUX URNES CITOYENS

Est également envisagé le vote des mariniers et des membres de leurs familles habitant à bord. Ils peuvent participer aux élections en s'inscrivant sur la liste électorale d'une des communes limitativement énumérées. Ainsi, s'ils souhaitent voter à Paris, ils doivent se faire enregistrer dans le 12e arrondissement. Mais une trentaine d'autres villes leur sont proposées : Longueil-Annel (Île-de-France), Bouchain (région Nord), Saint-Jean-de-Losne (Bourgogne)... Sans oublier Nantes, Bordeaux, Marseille, Strasbourg et Lyon**.

Aujourd'hui, le débat récurrent concerne le droit de vote des étrangers. En effet, ces derniers ne peuvent participer aux élections. Seuls les ressortissants communautaires ont la possibilité de s'exprimer dans le cadre des élections municipales et européennes.

Quand on songe que la Constitution de l'an I (adoptée le 24 juin 1793) autorisait les étrangers résidant en France depuis au moins un an à voter…

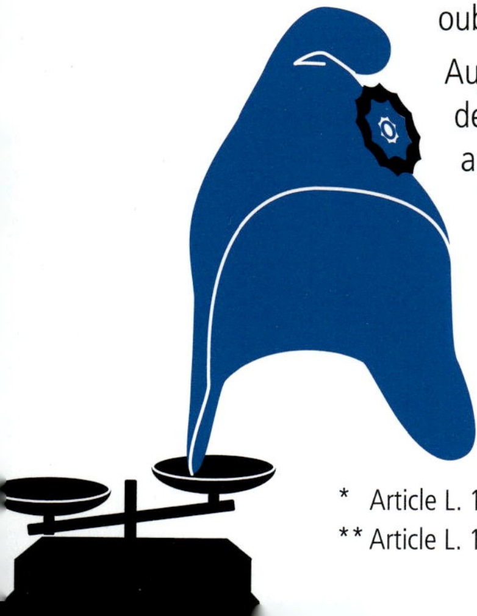

* Article L. 12 du Code électoral.

** Article L. 15 du même code.

B

ÉTONNANT ! Aux portes de la capitale – près du Stade de France –, un bar se situe sur un territoire espagnol pour des raisons historiques et cela depuis près d'un siècle.

BIÈRE OU SANGRIA ?

Cette « Petite Espagne » devait donc résoudre un problème le 1er janvier 2008, jour où il a été interdit de fumer dans les bars en France.

La patronne des lieux explique : « Ne sachant pas s'il fallait appliquer la loi française sur notre territoire, on a autorisé tout le monde à fumer. Depuis, on s'est renseignés auprès de notre consulat, qui nous a demandé de la respecter. » Et d'ajouter : « De toute façon, on s'est aperçus que la législation espagnole interdit aussi le tabac dans les locaux de plus de 100 mètres carrés accueillant du public. Alors, on n'a pas le choix. »

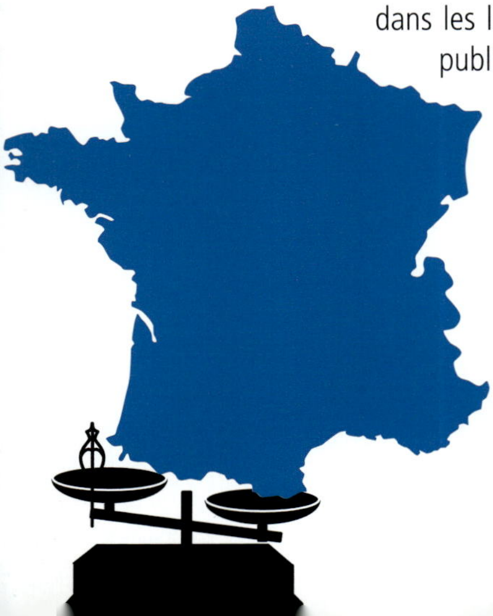

À L'HEURE de la parité, le Code civil utilise près d'une dizaine de fois la notion de « *bon père de famille* ».

Ainsi, le preneur doit les soins d'un bon père de famille à la conservation du cheptel*. Le Code de la consommation n'est pas en reste puisque « *l'emprunteur doit apporter à l'immeuble hypothéqué tous les soins d'un bon père de famille*** ».

Et pour être complet, cette expression qui peut paraître désuète figure également dans le Code de l'éducation, le Code rural, celui de l'urbanisme, sans oublier celui de la construction et de l'habitation. D'ailleurs, le juge ne se prive pas de mentionner cette expression pour trancher un litige***.

« Bon père de famille »

* Article 1806 du Code civil issu d'une loi de 1804.

** Article L. 314-8.

*** Cour de cassation, chambre commerciale, 13 juillet 2010.

La partie consacrée par le Code civil aux servitudes est parfois l'occasion de se replonger dans l'histoire.

Bon voisinage

« *Une servitude est une charge imposée sur un héritage pour l'usage et l'utilité d'un héritage appartenant à un autre propriétaire* » selon l'article 637 du Code civil issu d'une loi du 31 janvier 1804. Or, la majorité des dispositions qui régissent les servitudes provient de cette loi bicentenaire.

Ainsi, « *celui qui fait creuser un puits ou une fosse d'aisance près d'un mur mitoyen ou non, celui qui veut y construire cheminée ou âtre, forge, four ou fourneau, y adosser une étable, ou établir contre ce mur un magasin de sel ou amas de matières corrosives, est obligé à laisser la distance prescrite par les règlements et usages particuliers sur ces objets, ou à faire les ouvrages prescrits par les mêmes règlements et usages, pour éviter de nuire au voisin** ».

Cette disposition sans doute un peu poussiéreuse est toujours d'actualité !

* Article 674 du Code civil.

UN ANCIEN ministre du Tourisme s'est présenté aux élections régionales en Guyane les 14 et 21 mars 2010 alors même qu'il se trouvait en détention provisoire pendant une grande partie de la campagne électorale. Le chef de file de la liste divers droite sur laquelle était inscrit ce prisonnier estimait que ce dernier restait présumé innocent, qu'il n'y avait donc aucune raison qu'il ne puisse être candidat.

CAMPAGNE ÉLECTORALE AU FRAIS

Rien n'empêche même d'être en prison et... élu. C'est ce qui est arrivé à Émile Vaudernon lors des municipales de mars 2008. Le maire sortant de Mahina (Polynésie française) a été reconduit dans ses fonctions. C'est sa compagne qui a mené la campagne de terrain à sa place !

Certaines pastilles passent mal...

Certaines lois de Vichy sont toujours en vigueur. Il en est ainsi de l'interdiction de rémunérer un intermédiaire afin qu'il se charge d'assurer le bénéfice d'accords amiables ou de décisions judiciaires pour le règlement des indemnités. Cette loi du 3 avril 1942 et son article premier sont aujourd'hui encore invoqués par le juge (cour d'appel d'Angers le 5 novembre 2008).

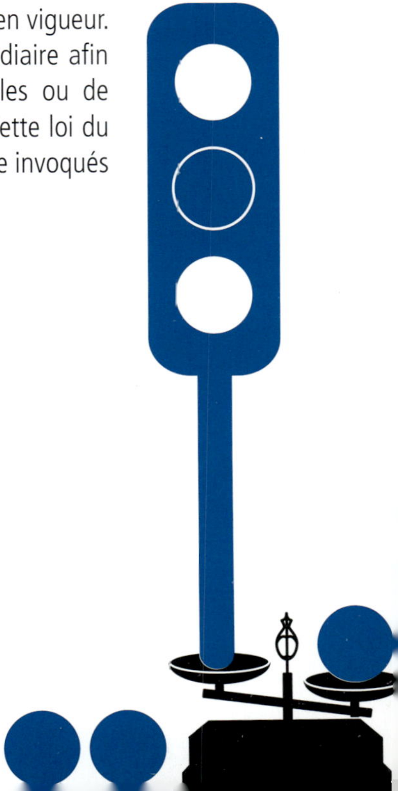

CHARIOTS DANGEREUX ?

LA JUSTICE s'occupe de tout ! Ainsi, en relevant que le chariot mis à la disposition de la clientèle d'un magasin ne pouvait être considéré comme une chose intrinsèquement dangereuse, une cour d'appel, après constat d'huissier et témoignages soumis aux débats, a retenu que l'extrême simplicité d'emploi de ce bien tombait sous le sens de tout un chacun. On ne pouvait donc reprocher à la société l'absence de notice d'utilisation et de fonctionnement des chariots, soit sur ces derniers, soit sur les murs du magasin*.

* Cour d'appel de Paris, 19 novembre 1996, confirmé par la Cour de cassation le 14 janvier 1999.

EST-IL POSSIBLE de rédiger un chèque sur papier libre ? La réponse est positive*. Pour cela, des conditions de forme doivent être respectées et la banque ne doit pas avoir introduit une clause interdisant au titulaire du compte de rédiger lui-même ses chèques.

Ainsi, le juge a été amené à se poser la question de savoir s'il est possible de rédiger un chèque sur du papier hygiénique.

Et voici sa réponse : « À supposer qu'un chèque puisse être établi sur papier libre, encore faut-il que ce papier soit suffisamment solide et résistant pour supporter, sans se désagréger ou sans être endommagé, les différentes manipulations que son encaissement suppose. » Le juge poursuit : « Attendu que si certains papiers dits hygiéniques répondent avantageusement à ces critères », tel n'est pas le cas en l'espèce. « En effet, il s'agit d'un papier doux, ouaté, perforé et fragile, conforme à l'usage auquel il est normalement destiné**. »

CHÈQUE EN OUATE

À vos risques et périls donc !

* Cour d'appel de Paris, 30 avril 1930.

** Juge de l'exécution du TGI de Lyon, 16 avril 1996.

« Chicken run »

Si, un beau matin, vos cocottes partent s'installer dans le poulailler voisin, elles appartiennent, dès lors, au propriétaire de ces lieux... et vous ne pourrez rien faire pour récupérer vos œufs... sauf si ces animaux y ont été attirés par fraude et artifice*.

* Article 564 du Code civil.

CIRCULEZ AU TROT !

EN VERTU d'une réglementation municipale, à Trois-Rivières (Québec), un promeneur a reçu, en 2008, une amende pour avoir circulé avec son cheval sur une voie publique.

En effet, le règlement stipule que « *nul ne peut faire de l'équitation dans les rues de la ville à moins que la signalisation ne le permette. Le conducteur ou la personne en charge d'une voiture hippomobile ou d'un cheval doit, lorsqu'il est en mouvement, monter le cheval ou être dans la voiture, ou bien marcher à côté* ».

Rassurons-nous, le juge a prononcé l'acquittement.

IL ARRIVE – on l'a déjà vu – que le juge prenne un certain plaisir à rendre le jugement avec humour pour répondre à un problème qui paraît futile. Il en est ainsi de la cour d'appel* qui s'en est donnée à cœur joie face à un conflit engendré par le bruit d'un coq :

« Attendu que le coq évolue dans un étroit passage, sur le côté de l'habitation G, entre deux murs dont on peut redouter qu'ils ne forment une caisse de résonance.

Attendu que les époux Y produisent plusieurs attestations et constats d'huissier de justice d'où il résulte qu'à des heures matinales, réservées d'ordinaire à un repos bien mérité, le volatile des époux G coquerique toutes les dix ou vingt secondes avec une régularité, une vaillance et une persévérance qui seraient dignes d'admiration en toute circonstance [...] ;

Attendu que le trouble [...] dépasse les inconvénients normaux du voisinage, même dans un bourg rural, où certains, peut-être doués d'une oreille moins fine, et d'un équilibre nerveux plus robuste, ou d'un caractère plus tolérant, attestent ne pas être gênés par le coq ; qu'il est à craindre que les époux G, tout en se plaignant d'être persécutés par leurs adversaires, ne fassent

* Cour d'appel de Dijon, 2 avril 1987.

preuve eux-mêmes dans cette affaire de quelque malice, puisque ayant eu à déplorer en cours d'instance le décès de leur premier coq, qui serait mort empoisonné, ils n'ont rien trouvé de plus urgent, après le décès tragique, que d'installer au même endroit un autre animal, aussi volubile que le précédent, comme pour pérenniser leur querelle ;

Attendu que la cour se doit de rendre aux époux Y […] cette tranquillité qui, sans la méchanceté des hommes, ferait l'agrément de la vie rurale, mais sans attenter à l'existence d'un animal innocent ni priver les époux G d'une compagnie qu'ils semblent affectionner ; que la solution du dilemme consistera à éloigner le coq de son territoire actuel où son chant prend une ampleur excessive, en enjoignant

COCORICO !!!

les propriétaires de le maintenir derrière leur habitation ; que l'on est en droit d'espérer en outre qu'ainsi placé dans un cadre plus aimable et pour dire moins carcéral, le volatile n'éprouvera plus le besoin de s'exprimer avec autant d'impétuosité. »

COLONIES PAS SI ANCIENNES...

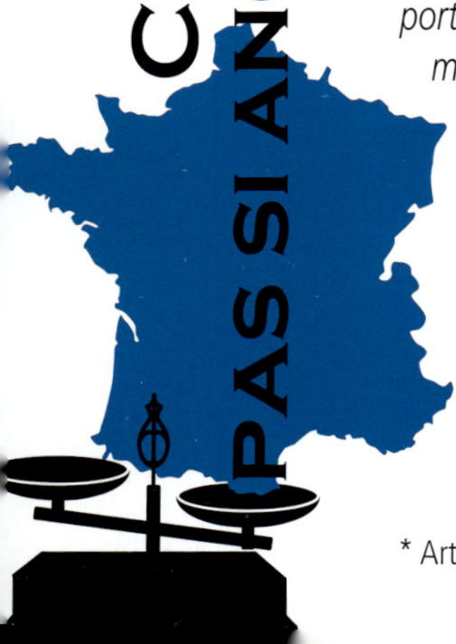

ON POUVAIT légitimement penser que le terme « colonie » avait disparu de la législation française. Eh bien non ! On le retrouve à l'article 153 (issu d'une loi du 20 juin 1896) du Code civil qui dispose que : « *Sera assimilé à l'ascendant dans l'impossibilité de manifester sa volonté, l'ascendant subissant la peine de la relégation ou maintenu aux colonies en conformité de l'article 6 de la loi du 30 mai 1854 sur l'exécution de la peine des travaux forcés.* »

Il faut tout de même noter que les peines de travaux forcés et de relégation ont été supprimées respectivement en 1960 et en 1970.

Autre exemple : le décret de 1939 instituant outre-mer des conseils d'administration des missions religieuses – pourtant modifié en 2009 – indique toujours que « *le ministre des Colonies est chargé de l'application* » de ce texte*.

Sans oublier que « *les bâtiments étrangers ne pourront transporter d'un port français à un autre port français aucunes denrées, productions ou marchandises des crus, produits ou manufactures de France, colonies ou possessions de France* ». Et c'est une loi du 21 septembre 1793 qui nous le signale !

* Article 19 du décret du 16 janvier 1939.

CONDAMNÉ... SANS PEINE

LE JUGE PÉNAL a la faculté de déclarer un prévenu coupable sans pour autant lui infliger une peine. Pour cela, il faut que le dommage causé soit réparé, que le trouble résultant de l'infraction ait cessé et que le reclassement de l'accusé soit acquis*.

Cette disposition ne peut s'appliquer que si le litige est relatif à une contravention ou un délit.

* Article 132-59 du Code pénal.

CONSEILS GÉNÉRAUX GARANTS DE LA FRANCE

QUI A DIT, à l'occasion du débat sur les collectivités territoriales, que le département ne servait plus à rien et qu'il convenait de songer à sa suppression ?

Les conseils généraux ont pourtant – selon la loi du 15 février 1872 – un rôle à jouer en cas de circonstances exceptionnelles. En effet, ils doivent s'assembler immédiatement et de plein droit si l'Assemblée nationale est illégalement dissoute ou empêchée de se réunir. Alors « *une assemblée composée de deux délégués élus par chaque conseil général, en comité secret, se réunit dans le lieu où se seront rendus les membres du Gouvernement légal et les députés qui auront pu se soustraire à la violence* ». Cette même assemblée « *est chargée de prendre, pour toute la France, les mesures urgentes que nécessite le maintien de l'ordre* ».

La Constitution précise que l'Assemblée nationale et le Sénat peuvent « *siéger en comité secret à la demande du Premier ministre ou d'un dixième de ses membres* ». La révision de 2008 n'a donc pas touché à cet article. Cependant, la réforme des collectivités territoriales devrait rendre la loi de 1872 caduque. Les conseillers régionaux et généraux seront remplacés par des conseillers territoriaux à compter de 2014.

En 988, les Vallées d'Andorre furent attribuées à l'évêque d'Urgell. Celui-ci les céda en fief aux seigneurs Caboët au début du XIe siècle en échange de leur appui contre les seigneurs voisins.

Les comtes de Foix, qui héritèrent de cette seigneurie des Caboët par mariage, entrèrent en rivalité avec l'évêque d'Urgell pour imposer leur suzeraineté. Une intervention du roi d'Aragon aboutit au premier acte de paréage, en 1278, qui attribua aux deux seigneurs (l'évêque d'Urgell et le comte de Foix) des droits identiques sur Andorre.

Coprince d'Andorre... français

Puis, en 1589, le comte de Foix devient le roi de France Henri IV, et rattache à la Couronne les prérogatives liées à l'Andorre.

Ainsi, aujourd'hui, les coprinces de cet État de 84 000 habitants sont « *conjointement et de manière indivise* » et « *à titre personnel et exclusif* » l'évêque d'Urgell et le président de la République française*. Ils ont un rôle symbolique, un rôle de garant constitutionnel et de solides prérogatives en matière de conclusion des traités, ce qui est déjà loin d'être négligeable.

* Article 43 de la Constitution de la principauté d'Andorre.

Leurs compétences s'exercent également dans le domaine judiciaire. Ainsi, ils décident librement de l'exercice, ou non, du droit de grâce et nomment les membres du Conseil supérieur de la justice et du Tribunal constitutionnel.

Nicolas Sarkozy a reçu, en février 2010, le chef du gouvernement andorran en sa qualité de coprince. En effet, la Constitution andorrane prévoit que les coprinces soient « *régulièrement informés des affaires de l'État** ».

C'est en octobre 1967 qu'un chef d'État français – Charles de Gaulle – se rend pour la première fois en Andorre, instaurant ainsi une tradition à laquelle n'a pas dérogé Nicolas Sarkozy. Ce dernier, le 29 juillet 2010, au cours de sa visite, déclare qu'il est « fier » de ce titre de coprince qui revêt une « importance symbolique ». Et de conclure : « Ce n'est pas du folklore. »

Pourtant, il aurait menacé de démissionner, en 2009, de son titre de coprince pour protester contre l'existence des paradis fiscaux.

Ainsi, lorsque nous élisons le chef de l'État, nous choisissons également un des symboles et un des garants « *de la permanence et de la continuité de l'Andorre*** ».

* Article 44.

** Le site de la représentation de Son Excellence le coprince français : http://www.coprince-fr.ad/frances.htm

LA PLUS HAUTE juridiction de l'ordre judiciaire (la Cour de cassation) applique toujours l'ordonnance de Villers-Cotterêts

DANS LA LANGUE DE RABELAIS...

datant de 1539 ! Ainsi, le 14 octobre 2009, elle s'est fondée sur l'article 111 de cette ordonnance – adoptée sous François Ier – pour affirmer qu'à peine de nullité, tout jugement doit être motivé en langue française.

Pour mieux se rendre compte du côté insolite de cette situation, il suffit de lire cette disposition : « *Et pour ce que telles choses sont souvent advenues sur l'intelligence des mots latins contenus esdits arrests, nous voulons d'oresnavant que tous arrests, ensemble toutes autres procédures, soient de nos cours souveraines et autres subalternes et inférieures, soient de registres, enquestes, contrats, commissions, sentences, testaments, et autres quelconques, actes et exploicts de justice, ou qui en dépendent, soient prononcés, enregistrés et délivrés aux parties en langage maternel françois et non autrement.* » Cela a le mérite d'être clair... ou pas.

LA TÊTE de liste du Nouveau Parti Anticapitaliste (NPA) en Charente-Maritime est morte peu après le dépôt officiel des candidatures pour les élections régionales des 14 et 21 mars 2010.

Or, la loi interdit de modifier une liste déposée et validée par le ministère de l'Intérieur.

Il est donc possible de voter pour un mort !
Et c'est ce qu'ont fait plus de 3 400 électeurs accordant à cette liste 1,58 % des voix.

DÉCÉDÉE MAIS CANDIDATE

SITUÉES DANS l'océan Pacifique, les îles Wallis-et-Futuna (15 000 habitants environ) ont fait le choix de devenir un territoire d'outre-mer français en 1959 et cela par référendum. La loi garantit aux populations de ce territoire « *le libre exercice de leur religion, ainsi que le respect de leurs croyances et de leurs coutumes tant qu'elles ne sont pas contraires aux principes généraux du droit** ». La République a donc respecté l'organisation coutumière qui se caractérise par l'existence de trois... royaumes : celui d'Uvéa à Wallis et ceux de Sigave et Alo à Futuna.

Détenteurs de l'autorité coutumière, les trois rois sont, dans les îles Wallis-et-Futuna, au cinquième rang dans l'ordre de préséance lorsque les membres des corps et les autorités assistent aux cérémonies publiques**. Il s'agit, en quelque sorte, des derniers rois de France !

Pour l'anecdote, notre emblème national, le drapeau tricolore bleu, blanc, rouge (article 2 de la Constitution) fait référence à la royauté.

DERNIERS ROIS DE FRANCE

En effet, si le bleu et le rouge sont les couleurs de la ville de Paris, le blanc est celle du roi.

* Article 3 de la loi du 29 juillet 1961.

** Article 6 du décret du 13 septembre 1989.

DICTATEUR À TEMPS PARTIEL

TIRANT les conséquences du fait qu'en 1940 la France se trouvait démunie d'un pouvoir politique fort, le général de Gaulle fit inscrire un article 16 dans la Constitution* permettant au chef de l'État d'instaurer « une sorte de dictature temporaire ». Deux conditions doivent être réunies : une menace grave et immédiate qui mette en cause, notamment, les institutions de la République, l'indépendance de la nation et l'intégrité du territoire, et une interruption du fonctionnement régulier des pouvoirs publics constitutionnels.

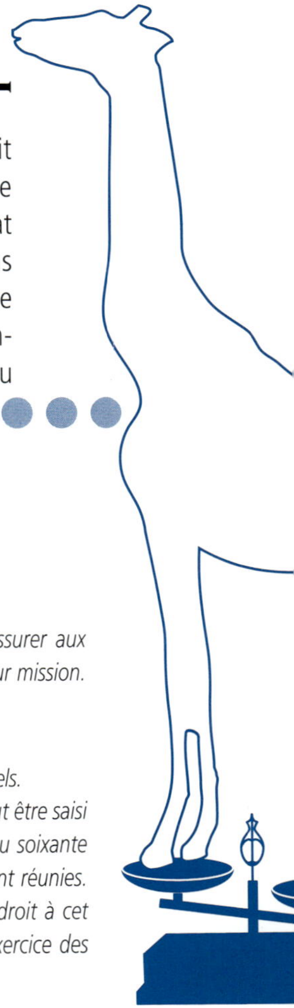

* Extrait de l'article 16 : « *Ces mesures doivent être inspirées par la volonté d'assurer aux pouvoirs publics constitutionnels, dans les moindres délais, les moyens d'accomplir leur mission. Le Conseil constitutionnel est consulté à leur sujet.*

Le Parlement se réunit de plein droit.

L'Assemblée nationale ne peut être dissoute pendant l'exercice des pouvoirs exceptionnels.

Après trente jours d'exercice des pouvoirs exceptionnels, le Conseil constitutionnel peut être saisi par le président de l'Assemblée nationale, le président du Sénat, soixante députés ou soixante sénateurs, aux fins d'examiner si les conditions énoncées au premier alinéa demeurent réunies. Il se prononce dans les délais les plus brefs par un avis public. Il procède de plein droit à cet examen et se prononce dans les mêmes conditions au terme de soixante jours d'exercice des pouvoirs exceptionnels et à tout moment au-delà de cette durée. »

Le chef de l'État doit recueillir les avis du Premier ministre, des présidents de l'Assemblée nationale, du Sénat et du Conseil constitutionnel. Il n'est, en aucun cas, tenu de suivre ces avis : c'est lui et lui seul qui décide ou non de bénéficier des pleins pouvoirs. Ainsi, d'avril à fin septembre 1961, Charles de Gaulle met en œuvre l'article 16 afin de lutter contre les putschistes militaires en Algérie et prend les décisions suivantes : prolongation de l'état d'urgence, internement administratif de toute personne encourageant la subversion, délai de garde à vue porté de cinq à quinze jours, règles de procédure exceptionnelles pour les crimes et délits liés au putsch...

Cette faculté accordée au président a prêté à discussion ; d'autant plus que le décret autorisant la mise en œuvre des pleins pouvoirs ne peut être contesté devant le juge !

LE RÉGIME des cultes en vigueur dans les départements du Rhin et de la Moselle est issu d'un ensemble complexe de plus de 140 textes.

DIVORCE À L'AMIABLE

Il faut souligner que la loi du 9 décembre 1905, concernant la séparation des Églises et de l'État, dont l'article 2 dispose que « *la République ne reconnaît, ne salarie ni ne subventionne aucun culte* », n'a pas été introduite dans les départements du Bas-Rhin, du Haut-Rhin et de la Moselle, territoires alors rattachés à l'Allemagne. Ces derniers restent soumis à la loi du 18 germinal an X (8 avril 1802) comprenant le Concordat de 1801. L'État désigne donc les évêques de Metz et Strasbourg et rétribue les prêtres.

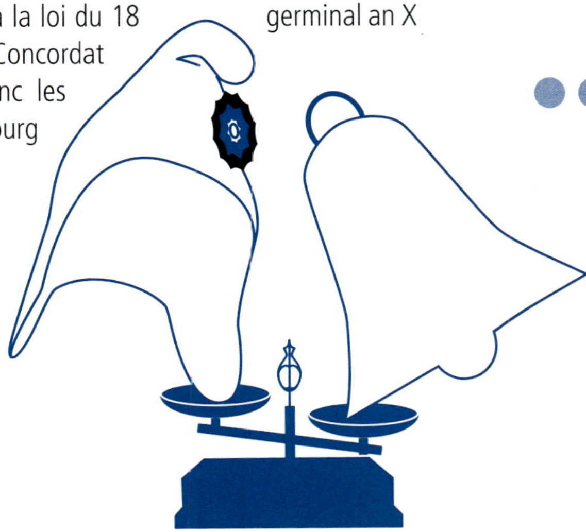

Les cultes reconnus sont au nombre de quatre : le culte catholique, les deux cultes protestants (Église réformée d'Alsace-Lorraine et Église de la Confession d'Augsbourg d'Alsace et de Lorraine) ainsi que le culte israélite.

Ainsi, l'enseignement religieux est obligatoire dans toutes les écoles des départements d'Alsace et de Moselle !

Une autre entorse au principe de séparation des Églises et de l'État est illustrée par la Déclaration des droits de l'homme et du citoyen. Ce texte, rédigé en 1789, a été intégré au bloc de constitutionnalité par le Conseil constitutionnel en 1971 et s'applique donc encore aujourd'hui.

Il précise que l'Assemblée nationale reconnaît un certain nombre de droits fondamentaux « *en présence et sous les auspices de l'Être suprême* ».

La Chambre des représentants est donc sous la protection de « l'Être suprême » !?

« **INFANS CONCEPTUS** *pro nato habetur quoties de commodis ejus agitur.* » Cette maxime signifie que l'enfant simplement conçu est considéré comme né chaque fois qu'il y va de son intérêt.

EMBRYON-FŒTUS MILLIONNAIRE

Afin que cette règle puisse s'appliquer, l'enfant doit être conçu puis né vivant et viable. Ainsi, un enfant encore dans le ventre de sa mère peut hériter, ce que traduit l'article 725 du Code civil en énonçant que sont incapables de succéder celui qui n'est pas encore conçu et l'enfant qui n'est pas né viable.

Il en est de même en matière de libéralités puisque « *pour être capable de recevoir entre vifs, il suffit d'être conçu au moment de la donation** ».

Un embryon-fœtus virtuellement millionnaire ? C'est donc possible grâce à cette fiction juridique.

* Article 906 alinéa 1 du Code civil.

ENCLAVE FRANÇAISE… EN FRANCE !

VALRÉAS – canton du Vaucluse – regroupe quatre communes (Valréas, Visan, Richerenches et Grillon) et est enclavé… dans la Drôme.

Acquises par les papes d'Avignon au début du XIVe siècle, ces communes ont souhaité, à la suite de la Révolution, rester rattachées au Vaucluse lors de la création des départements.

En plus du Vaucluse, quatre départements (Meurthe-et-Moselle, Nord, Hautes-Pyrénées et Côte-d'Or) possèdent des enclaves dans un autre département, soit un total de quatorze communes*.

* http://www.senat.fr

ESCALADER PAR...
-DESSOUS

LE CODE pénal est formel : « L'*escalade est le fait de s'introduire dans un lieu quelconque, soit par-dessus un élément de clôture, soit par toute ouverture non destinée à servir d'entrée** ».

Il est donc possible d'escalader une clôture en passant par-dessous.

* Article 132-74.

ÉTAT CIVIL... EN ALLEMAND

DANS LES DÉPARTEMENTS français annexés par l'Allemagne durant la Seconde Guerre mondiale, durant toute la période de l'Occupation, les actes de l'état civil ont été rédigés en allemand. Les femmes et les hommes nés à cette époque ont donc leur acte de naissance rédigé en allemand.

Or, certaines communes, à l'instar de Strasbourg, ont traduit en français l'ensemble des actes concernés, mais la plupart des petites communes s'y sont refusées et ne délivrent les actes de naissance intégraux qu'en langue allemande.

Le ministre de la Justice a précisé* que l'emploi de la langue française revêtant un caractère obligatoire pour l'établissement des actes de l'état civil, les copies des actes dressés en langue allemande dans les départements du Bas-Rhin, du Haut-Rhin et de la Moselle pendant l'annexion de ces départements par l'Allemagne doivent être délivrées en français.

Et le garde des Sceaux de préciser que si l'officier d'état civil est bilingue, il peut traduire l'acte originaire en certifiant sa traduction. À défaut, il faut recourir à un traducteur assermenté dont le coût incombe à la commune.

* *Journal officiel* du 24 février 2004, Assemblée nationale, « Questions et Réponses », page 1448.

CONTRAIREMENT à ce que l'on pourrait croire, « *en cas de paiement en billets et pièces, il appartient au débiteur de faire l'appoint** ». Ainsi, un juge a estimé** que le commerçant n'avait pas commis de faute en refusant un billet de 500 euros d'une cliente qui lui devait 51 euros. Elle devait faire l'appoint.

Cela semble pourtant contradictoire avec la règle sanctionnant un vendeur qui refuse « *de recevoir des pièces de monnaie ou des billets de banque ayant cours légal**** » !

ET DIX EUROS QUI FONT CENT !

* Article L. 112-5 du Code monétaire et financier.

** Cour de cassation, 15 décembre 2005.

*** Article R. 642-3 du Code pénal.

L'HISTOIRE prête à sourire et est éloignée des grands enjeux internationaux de ce monde. Le maire de la petite commune d'Auriat (122 habitants) dans la Creuse a pris, en 2009, un arrêté interdisant aux véhicules de transport de bois de la Haute-Vienne, département limitrophe, de traverser sa commune. Raison invoquée ? Le conseil général de Haute-Vienne avait fait savoir qu'il ne pouvait plus prendre en charge le ramassage scolaire des enfants du département voisin.

Le maire d'Auriat a donc pris cette mesure de rétorsion : « Nous avons beaucoup de forêts sur notre terrain. Désormais, les entreprises qui y viennent pour des travaux forestiers n'y auront plus accès, si leur siège social est en Haute-Vienne. »

D'autres idées sont dans les cartons puisque 98 % des chasseurs de la commune sont originaires de la Haute-Vienne. « C'est une hypothèse que j'évoque mais on peut très bien leur interdire l'accès à nos forêts à eux aussi. On a encore quelques cartouches pour l'avenir », ironise le maire.

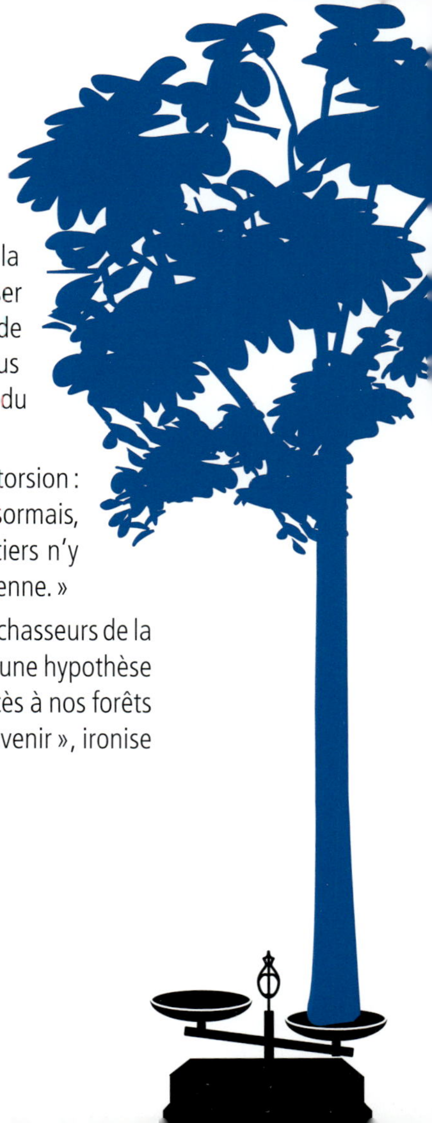

ET TOC !

ÉTRANGE HOMICIDE

CETTE HISTOIRE incroyable se déroule début 2008 à Baerle-Duc, enclave belge située en Hollande. Les habitants de cette commune sont sans nouvelle d'une famille vivant dans une maison à cheval sur la frontière. L'entrée se situant en Belgique, c'est la police belge qui investit les lieux. Leur chien fait alors un bond dans la pièce voisine, située côté hollandais, où se trouve le corps sans vie de la mère de famille. C'est alors que Belges et Hollandais font appel à des géomètres et à des satellites pour déterminer le tracé exact de la frontière : une ligne blanche est matérialisée à l'intérieur de la maison. Cette dernière détermine quel policier peut procéder à des prélèvements dans telle ou telle partie de la demeure.

Conclusion de l'enquête : le corps a été retrouvé en Hollande mais le crime a sans doute été commis dans le salon, c'est-à-dire côté belge ! Du coup, pour passer d'un côté à l'autre, des commissions rogatoires ont été nécessaires.

Pour l'anecdote, cette maison était dans le passé une agence bancaire. Les clients belges, entrant par la porte située en Belgique, pouvaient accéder de l'intérieur à un guichet situé aux Pays-Bas et ainsi y réaliser des opérations moins taxées.

Le 1er janvier 2002, la France a adopté la monnaie unique. Le franc français a donc disparu mais non le franc Pacifique. En effet, la Nouvelle-Calédonie, la Polynésie ainsi que les îles Wallis-et-Futuna ne font pas partie de la zone euro. Ainsi, plus de 400 000 Français ne sont donc pas concernés pas cette nouvelle monnaie.

Euros ou francs ?

Cependant, il est parfois question d'introduire l'euro en Polynésie et en Nouvelle-Calédonie*.

C'est sans doute oublier un peu vite que certains villages gaulois font de la résistance ! Il en est ainsi des habitants du Blanc (Indre) qui utilisent encore le franc.

Comment expliquer cette situation ? Les billets de 20, 50, 100, 200 et 500 francs seront définitivement hors d'usage en février 2012. D'ici là, il est donc encore possible de les utiliser avec l'accord du commerçant. À charge pour ce dernier d'amener à la Banque de France ces billets afin de les convertir en euros.

* http://www.etatsgenerauxdeloutremer.fr/adopter-leuro

La présidente de l'association des commerçants du Blanc table sur la récupération de 2 millions de francs. « L'aspect insolite a attiré les médias et on a parlé de nous partout dans le monde », raconte-t-elle.

À noter que, selon la Banque de France, plus de quatre milliards de francs dorment encore actuellement dans les bas de laine, soit 625 millions d'euros.

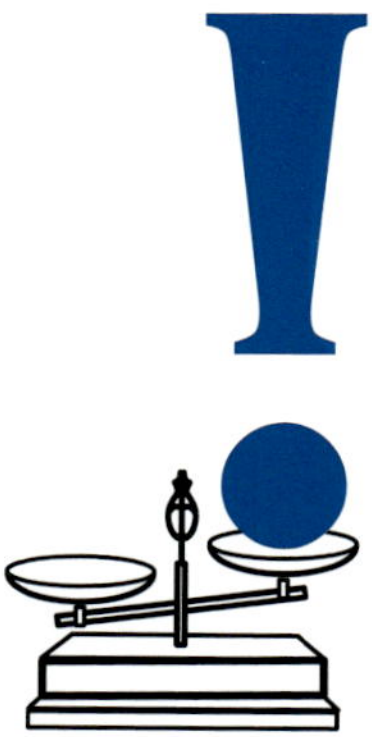

Et ce n'est pas fini puisque certains textes prévoient toujours une sanction sonnante et trébuchante en franc (!).

Ainsi, « *les patrons, mariniers et charretiers, ainsi que toutes autres personnes participant à la conduite, à la traction ou au remorquage d'un bateau qui, par des manœuvres, des déplacements ou des stationnements, auront volontairement créé un obstacle à la circulation normale sur une voie de navigation intérieure* » risquent d'écoper d'une amende de 16 à 200… (anciens) francs. Telle est la volonté de la loi du 18 juillet 1930.

Sans oublier la loi du 21 septembre 1793 qui aborde la question « *des réparations dont le coût excède 15 (anciens) francs par tonneau de jauge brute totale* ».

UN FILS qui vole la voiture de son père ne pourra faire l'objet d'une condamnation pénale devant les tribunaux. En effet, l'article 311-12 du nouveau Code pénal stipule que « *ne peut donner lieu à des poursuites pénales le vol commis par une personne: 1°) Au préjudice de son ascendant ou de son descendant ; 2°) Au préjudice de son conjoint, sauf lorsque les époux sont séparés de corps ou autorisés à résider séparément* ».

FAMILLE... JE VOUS AIME

Il en est de même en matière d'extorsion, de chantage, d'escroquerie, d'abus de confiance, de non-dénonciation de crime, de recel de criminel, de défaut de témoignage en faveur d'un innocent et d'aide au séjour irrégulier d'un étranger.

En revanche, cette règle ne s'applique pas lorsque le vol porte sur des objets ou documents indispensables à la vie quotidienne comme une carte d'identité ou des moyens de paiement. L'objectif est d'éviter qu'un époux puisse confisquer les moyens de paiement de son conjoint afin d'exercer une pression, et cela impunément.

Enfin, cette « immunité familiale » ne peut être invoquée que dans le cas où le litige concerne des conjoints, des ascendants ou des descendants.

FERMETURE NOCTURNE

ÉTONNANT ! Le texte affirmant que la maison « *est un asile inviolable [et que] pendant la nuit, nul n'a le droit d'y entrer que dans le cas d'incendie, d'inondation ou de réclamation faite à l'intérieur de la maison* » est l'article 76 de la Constitution... du 22 frimaire an VIII (13 décembre 1799) qui crée le Consulat.

Eh oui ! Les dispositions des Constitutions révolutionnaires sont encore en vigueur lorsqu'elles ne traitent pas de l'organisation constitutionnelle et qu'elles n'ont pas été abrogées.

Ce texte est donc toujours en application et le juge l'a reconnu.*

* Cour d'appel de Pau, 1er octobre 2001.

FEUX D'ARTIFICE

BIEN QUE généralement associée à la prise de la Bastille, le 14 juillet 1789, c'est la fête de la Fédération (14 juillet 1790) qui est commémorée en France depuis plus d'un siècle comme le souligne l'Élysée sur son site*.

Ainsi, le rapporteur de la loi du 6 juillet 1880 qui institua le 14 juillet comme jour de fête nationale annuelle souligne qu'en « cette journée de la Grande Fédération, nous espérons qu'aucun ne refusera de se joindre à nous pour la renouveler et la perpétuer ». Ce 14 juillet 1790 est « le plus beau jour de l'histoire de France, et peut-être de toute l'histoire** ».

* http://www.elysee.fr/president/la-presidence/les-symboles-de-la-republique-francaise/le-14-juillet/le-14-juillet.448.html

** http://www.14juillet.senat.fr/

UNE DÉCISION du tribunal de grande instance de Lambaréné (Gabon) du 22 avril 1964 va très loin dans la fiction juridique.

En effet, le juge note qu'« il est de notoriété publique au Gabon que les hommes se changent soit en panthère, soit en gorille, soit en éléphant [...] pour accomplir des exploits, éliminer des ennemis ou attirer sur eux de lourdes responsabilités, défendre leurs plantations ou celles des voisins et des amis [...] ».

FICTION GABONAISE

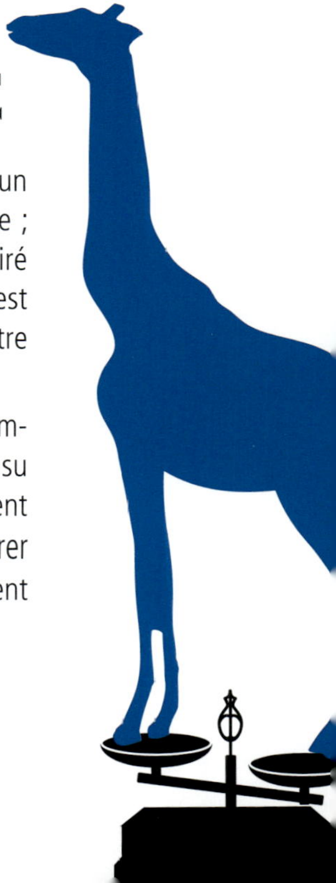

Or, « un homicide involontaire n'est punissable que si c'est bien un homme qui a été tué, par maladresse, imprudence ou négligence ; et que dans le cas d'espèce, le prévenu a visé en plein jour et a tiré sur un chimpanzé et non sur un homme ; que si le chimpanzé est devenu homme après le coup de feu, le prévenu ne peut plus être retenu dans la prévention d'homicide involontaire [...] ».

Et le juge de conclure que « la victime s'est transformée en chimpanzé en forêt où elle aurait été en chasse, sans arme et à l'insu de personne et, le prévenu, notable, ancien combattant, largement décoré, plusieurs fois vainqueur des chimpanzés, ne pouvait pas tirer en plein jour sur un homme contre lequel il n'avait aucun antécédent défavorable ».

FIDÉLITÉ… INTELLECTUELLE

« **LES ÉPOUX** *se doivent mutuellement fidélité* » énonce le Code civil. Ce texte est généralement compris comme interdisant à un époux d'avoir des relations sexuelles avec une autre personne que son conjoint. Mais gare ! Car le devoir de fidélité est également violé par une tentative d'adultère ou par une conduite licencieuse ou légère !

Le juge est allé encore plus loin en reconnaissant la possibilité d'une infidélité... intellectuelle*. En l'espèce, « la femme a, sur le plan de la pensée, cédé à l'ascendant d'un homme dont la valeur intellectuelle était, à ses yeux, supérieure à celle de son mari, pour se détacher progressivement de celui-ci et lui donner l'impression qu'elle le tenait pour quantité négligeable ; elle a ainsi commis une infidélité d'ordre intellectuel qui justifie la demande (de divorce) formée par son mari ».

* Cour d'appel de Paris, 13 février 1986.

FISCALITÉ DE RÊVE

BELLEFONTAINE, 150 habitants, ou le paradis sur terre ! Dans ce village de la Manche, on ne paie plus de taxe communale depuis… 1995. À cette époque, la communauté de communes a pris en charge de nombreuses missions, dont les 30 kilomètres de routes. Les taux communaux se sont trouvés réduits à rien. Aujourd'hui, quand il s'agit de poser une clôture, les 11 conseillers municipaux sont prêts à relever le défi.

Ne plus payer la taxe communale représente un autre avantage : la simplicité. D'autant plus appréciable que certaines dispositions du Code général des impôts sont difficilement accessibles. Pour preuve, l'article 223 L : « *Dans les situations visées aux c, d ou e du 6 de l'article 223 L, et sous réserve, le cas échéant, de l'obtention de l'agrément prévu au 6, la fraction du déficit qui n'a pu être reportée au titre d'un exercice dans les conditions prévues à l'article 223 S peut, dans la mesure où ce déficit correspond à celui de la société mère absorbée ou à celui des sociétés membres du groupe ayant cessé et qui font partie du nouveau groupe, s'imputer sur les résultats, déterminés selon les modalités prévues au 4 du présent article et par dérogation au a du 1 du présent article, des sociétés mentionnées ci-dessus.* »

Une deuxième lecture peut s'avérer nécessaire.

IL N'EST pas étonnant que la loi pénale soit « *applicable aux infractions commises sur le territoire de la République** ». Mais elle s'applique également « *aux infractions commises à bord des navires battant un pavillon français ou à l'encontre de tels navires, en quelque lieu qu'ils se trouvent*** ». Une disposition similaire est d'ailleurs prévue pour les infractions commises à bord d'un aéronef.

Certains parlent donc de « territoire flottant »...

FLUCTUAT NEC MERGITUR

Cette notion est réapparue à l'occasion de l'affaire dite du *Ponant*, nom du voilier pris en otage par les pirates somaliens en avril 2008. Ces derniers ont été arrêtés par les militaires français sur le bateau. Leur avocat conteste les conditions de leur arrestation car les pirates, dit-il, « ont été rapatriés en hélicoptère sur la frégate *Jean Bart* [...]. Puis, ils ont été transférés par avion de Djibouti au Bourget, où ils ont été placés en garde à vue ». Et l'avocat de poursuivre : « Les navires français sont assimilés au territoire national, ils auraient donc dû voir un représentant du parquet bien avant. »

* Article 113-2 du Code pénal.

** Article 113-3 du même code.

À L'HEURE d'Internet, le Code rural s'intéresse à la question des pigeons voyageurs et précise que la Fédération colombophile française est chargée de la répartition des bagues matricules dont elle contrôle l'usage.

On apprend aussi que seront porteurs de bagues d'un modèle spécial les pigeons voyageurs des services de l'État* !

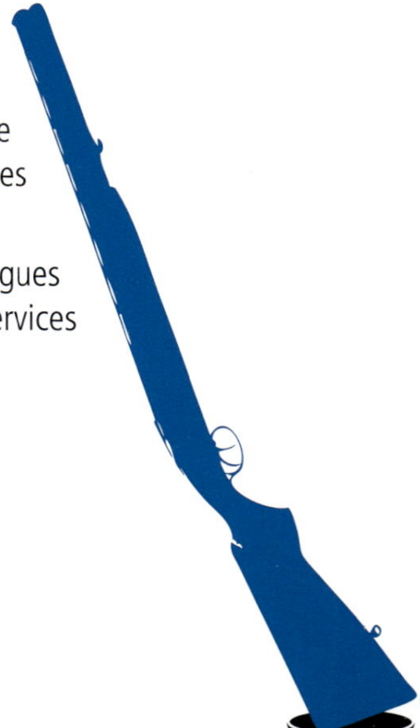

Fonctionnaires à plumes

* Article R. 212-5 du Code rural.

DANS LE BUT de partager le territoire contesté de la vallée des Dappes, la France et la Suisse signent, en 1862, un traité. M. Ponthus est propriétaire d'un champ qui se trouve coupé en deux par la nouvelle délimitation. Il en profite pour construire un bâtiment à cheval entre les deux pays. Ainsi, en 1863, lorsque ce traité est définitivement adopté, ce bâtiment se trouve à la fois en Suisse et en France.

Ce site est repris, en 1921, par M. Arbez et devient stratégique pendant la Seconde Guerre mondiale car la ligne de démarcation passe juste devant ce qui est devenu un hôtel !

Ainsi, les Allemands, venus perquisitionner, n'ont pu fouiller que la partie française du bar et de la salle à manger ; car, si l'escalier démarre en France, la septième marche se trouve en Suisse, rendant inaccessible le deuxième étage, les Helvétiques étant neutres.

Ainsi est née « L'Arbézie », expression forgée par Edgar Faure pour désigner le domaine de la famille Arbez.

Cet hôtel permet encore aujourd'hui de dormir les pieds en Suisse et la tête en France.

FROMAGE ET DESSERT

LE TERRITOIRE terrestre se compose de la France métropolitaine et des départements d'outre-mer que sont la Guadeloupe, la Martinique, la Guyane et La Réunion, sans oublier la Nouvelle-Calédonie, la Polynésie française, Wallis-et-Futuna, les Terres australes et antarctiques françaises, Saint-Pierre-et-Miquelon, Mayotte ainsi que les îles éparses de l'océan Indien (Bassas-da-India, Europa, les Glorieuses, Juan-de-Nova, Tromelin) et l'île de Clipperton.

FRONTIÈRES MOUVANTES

« *Patrimoine commun de la nation** », ce territoire, apparemment clairement défini, connaît pourtant, encore aujourd'hui, des modifications, souvent symboliques, de ses frontières.

« Il n'est pas rare d'effectuer ce type de rectification, même portant sur des superficies modestes. Il y a régulièrement des redélimitations de frontières qui n'attirent pas tellement l'attention : avec la Suisse par exemple, il y a eu au cours des dernières années plusieurs rectifications, des échanges de maisons, des rationalisations de ligne », précise, le 6 juillet 2001, le porte-parole du Quai d'Orsay.

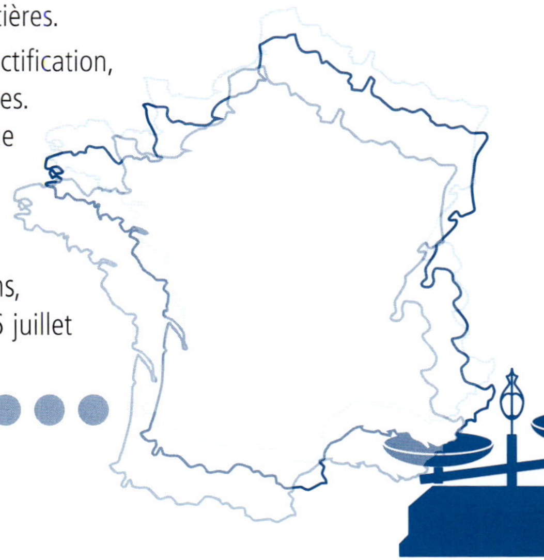

* Article L. 110 du Code de l'urbanisme.

Ainsi, un décret* de 2007 précise que la France et le Luxembourg s'échangent mutuellement 8 ha 96 a 79 ca dans le système LUREF. La délimitation du nouveau tracé de la frontière et son abornement sont effectués par la commission franco-luxembourgeoise prévue par la Convention du 15-18 octobre 1853 ! Autre exemple : Nicolas Sarkozy, le 29 juillet 2010, a déclaré qu'il fallait régler « la question de la délimitation de la frontière franco-andorrane ».

À l'étranger, en raison du réchauffement climatique, la Suisse et l'Italie vont devoir rectifier leur frontière ! La fonte des glaces entraîne un déplacement de la ligne de partage des eaux qui en définit le tracé. En 2003, le télésiège du Furggsattel, à 3 370 mètres d'altitude, était en territoire italien. Il est helvétique aujourd'hui et cela en raison du recul du glacier de près de 150 mètres. Selon les pouvoirs publics, la Suisse aurait ainsi gagné un petit kilomètre carré sur ses voisins.

* Décret n° 2007-1023 du 14 juin 2007 (*J.O.* du 17 juin 2007).

« **LES HONNEURS** *militaires sont des démonstrations extérieures par lesquelles les armées présentent un hommage spécial aux personnes et aux symboles qui y ont droit*.* » Ces symboles sont les drapeaux et étendards des armées ainsi que les monuments aux morts pour la patrie**. Les honneurs militaires ne se rendent que pendant le jour, sauf à l'occasion d'événements importants pour la vie nationale. De plus, et sauf exceptions, ils ne peuvent être rendus dans les lieux où se trouve le président de la République au cours de ses voyages, tout le temps de sa résidence et pendant les vingt-quatre heures qui précèdent son arrivée ou qui suivent son départ***. Enfin, il est amusant de noter que les parlementaires et les conseillers d'État décédés dans l'exercice de leurs fonctions n'ont

GARDE-À-VOUS !

droit aux honneurs funèbres militaires que si leurs obsèques sont célébrées dans une ville ayant une garnison pour les premiers et à Paris pour les seconds****.

* Décret du 13 septembre 1989, article 30. ** Article 33 du même décret. *** Articles 34 et 39 du même décret. **** Article 46 du même décret.

BIEN QU'IL puisse être synonyme d'un autre temps, la législation contemporaine n'oublie pas le garde champêtre chargé de rechercher et de constater « *par procès-verbaux les délits et les contraventions qui portent atteinte aux propriétés forestières ou rurales* » (article 22 du Code de procédure pénale).

GARDE CHAMPÊTRE... ET SA TROMPETTE

Signe que ce métier est ancestral, l'article 4 (toujours en vigueur) du décret du... 20 messidor an III qui précise que « *tout propriétaire aura le droit d'avoir pour ses domaines un garde champêtre ; il sera tenu de le faire agréer par le conseil général de la commune, et confirmer par le district : ce droit ne pourra l'exempter néanmoins de contribuer au traitement du garde de la commune* ».

GLANDS ET FEUILLES DE CHÊNE

LA TENUE d'uniforme du directeur général de la police nationale fait l'objet d'une description précise et peut sembler désuète. Elle a pourtant été définie en 2009*.

Ainsi, « *le pantalon porte, à cheval sur la couture de son côté extérieur, une bande dite "bande de commandement" de 28 mm de largeur en soie bleu nuit lissée ton sur ton, d'une rangée simple de feuilles de chêne et de glands. Le chapeau, lui, comporte un bandeau de coiffure brodé en fil argent dont le motif se répétant représente une rangée formée d'une branche de six feuilles de chêne nervurées avec six glands et trois cupules sans gland. Ce bandeau est surmonté de deux cordons de 1,5 mm d'épaisseur, eux-mêmes surmontés d'un cordon de 3 mm d'épaisseur. Ces cordons sont espacés entre eux par 1 mm. Le tissu de fond est de nuance bleu nuit* ».

Comme quoi force de l'ordre et élégance ne sont pas incompatibles !

* Arrêté du 30 novembre 2009 (*J.O.* du 6 décembre 2009).

LE CHEF de l'État a la possibilité de dispenser un condamné de subir tout ou partie de sa peine*. L'accord du Premier ministre et celui du ministre de la Justice sont nécessaires mais, en pratique, toujours donnés. C'est ce que certains auteurs nomment « la clémence du prince ». Mais il n'en a pas toujours été ainsi car ce droit appartenait à une « commission des grâces » sous la IIIe République et au Conseil supérieur de la magistrature sous la IVe. Chaque année, moins de 1 000 grâces sont accordées alors que 25 000 recours sont déposés.

GRÂCE PRÉSIDENTIELLE

Les raisons qui poussent le chef de l'État à prendre une telle décision sont variées. Il s'agit le plus souvent de motifs d'ordre humanitaire (maladie, situation familiale ou sociale...) ou de motifs tenant à l'intérêt social (situation régularisée, reclassement acquis, modification de la loi pénale postérieure à la condamnation...).

* Article 17 de la Constitution.

*« **LES RELATIONS** de travail des prisonniers ne font pas l'objet d'un contrat de travail*. »*

« GRILLES » SALARIALES

En conséquence, la juridiction prud'homale n'est pas compétente en cas de litige**.

Ainsi, les détenus ne peuvent bénéficier des droits salariés conférés par un contrat de travail : ni congés payés ni salaire minimum.

On estime à 16 146 le nombre de prisonniers ayant travaillé en 2008.

Cependant, cette règle peut connaître une exception lorsque les activités sont exercées à l'extérieur des établissements pénitentiaires.

* Article L. 717-3 du Code de procédure pénale.

** Cour de cassation, 1er décembre 1996.

H

« Halte gendarmerie »

Les gendarmes peuvent utiliser la force armée, notamment « *lorsque les personnes invitées à s'arrêter par des appels répétés de : " Halte gendarmerie ", faits à haute voix, cherchent à échapper à leur garde [...] et ne peuvent être contraintes de s'arrêter que par l'usage des armes* ».

Et le juge de reconnaître que ce texte « autorise les gendarmes ayant lancé à haute voix les appels " halte gendarmerie " à contraindre les fugitifs à s'arrêter par l'usage de la force ». Pour autant, l'immunité pénale n'est pas « en toutes circonstances* ».

Si cette expression est célèbre, on n'imagine pas qu'elle est issue d'un décret de 1943 dont le premier article est toujours en vigueur**.

* Cour de cassation, 27 juin 2001.

** Décret n° 43-1969 du 22 juillet 1943, art. 1 (*J.O.* du 18 septembre 1943).

HÉRITAGE SANGLANT

L'HISTOIRE se déroule à la fin de l'année 2000 dans le Gard. Un homme tue ses deux parents puis avoue tout aux gendarmes avant d'être hospitalisé. Il est reconnu comme irresponsable car souffrant d'une « schizophrénie à délire paranoïde ». Il ne comparaitra donc pas devant la cour d'assises.

Seulement voilà, s'il est reconnu irresponsable pénalement, il n'en est pas de même sur le plan civil. Ainsi, le tribunal a estimé qu'il était civilement apte à gérer ses biens.

Et aussi surréaliste que cela puisse paraître, cette personne réclame donc sa part d'héritage. En 2009, le tribunal de Nîmes lui donne raison en ordonnant que sa part de succession lui soit versée. En effet, selon le juge, cette personne ne peut être frappée d'indignité successorale car elle n'a pas été condamnée par le juge pour meurtre puisqu'elle a été considérée – au moment de l'homicide – comme étant irresponsable.

Elle peut donc hériter de ses parents après les avoir tués !

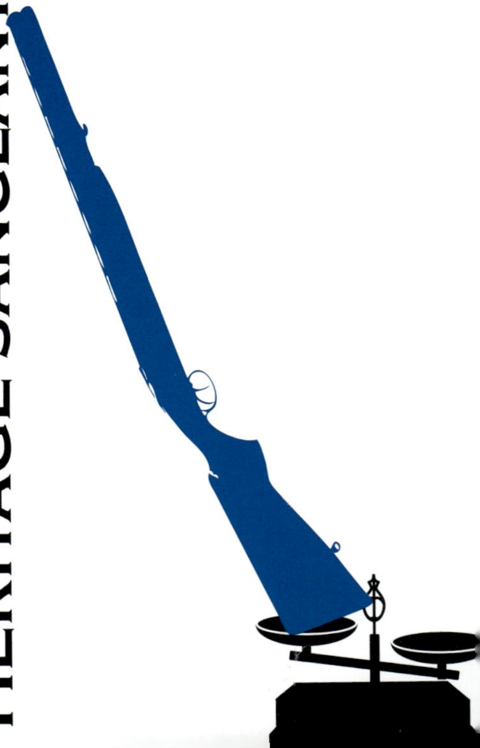

ATHLÈTE de haut niveau et employé, c’est possible ! Tout salarié peut, compte tenu des possibilités de l’entreprise, bénéficier d’aménagement de son horaire de travail pour la pratique régulière et contrôlée d’un sport. Et c’est le Code du travail qui nous l’apprend*. La performance et les résultats du sport français peuvent donc dépendre du bon vouloir des chefs d'entreprise…

HORAIRES MUSCLÉS !

* Article L. 3122-28 du Code du travail.

I

FONDÉE en 1634 par Richelieu, l'Académie française est chargée de rédiger et de mettre à jour un dictionnaire de la langue française ainsi que de décerner des prix littéraires et d'histoire. Les statuts et règlements de l'Académie précisent que « *lorsque l'élection d'un nouvel académicien sera terminée, il en sera rendu compte au roi* ».

La prérogative de l'agrément est passée à l'empereur, sous le Second Empire, puis au président de la République.

L'élection d'un membre de l'Académie française ne devient donc définitive qu'après approbation du chef de l'État qui la manifeste en donnant audience au nouvel élu.

Le président confère donc l'immortalité*...

* Les académiciens doivent leur surnom d'immortels à la devise « À l'immortabilité » qui figure sur le sceau donné à l'Académie par son fondateur, le cardinal de Richelieu.

Interdiction de… mourir !

L'HISTOIRE se déroule dans les Pyrénées-Atlantiques, à Sarpourenx, village de 260 habitants. Ne pouvant agrandir le cimetière, le maire prend, en 2008, un arrêté qui « *interdit à toute personne ne disposant pas d'emplacement dans le cimetière [...] de décéder sur le territoire de la commune* ». « Si certains meurent, eh bien, ils se débrouilleront. Le premier mort qui arrive, je l'envoie au représentant de l'État dans le département », ajoute le maire.

Avant d'agir, il avait contacté le maire de Cugnaux, commune du Sud-Ouest, qui avait pris un arrêté similaire pour dénoncer le blocage de son projet d'agrandissement du cimetière, le terrain convoité étant situé sur le périmètre de sécurité de la base militaire voisine où un dépôt de munitions interdisait toute construction. Le maire avait obtenu gain de cause, la préfecture lui ayant annoncé que le ministère de la Défense revoyait le périmètre de dangers du dépôt dans le sens d'une réduction très significative du polygone de sécurité. L'extension du cimetière est ainsi devenue possible.

Cette idée saugrenue n'est pas nouvelle. En 2000, le maire du Lavandou avait également pris un arrêté interdisant « *à toute personne ne disposant pas de caveau de décéder sur le territoire de la commune* ».

INTERDICTION DE SE PLAINDRE !

L'INSTALLATION à la campagne peut provoquer des désillusions. On croit y trouver le calme pour finalement se plaindre des bruits du monde rural.

Pour y remédier, le maire de Cesny-aux-Vignes (Calvados) a pris – au cours de l'été 2007 – un arrêté demandant aux nouveaux habitants de « *cohabiter sans plaintes avec les animaux domestiques (coq, dinde, poule, pintade, vache, mouton, âne, etc.)* ».

De plus, « *les citadins devront entendre avec respect, s'ils ne peuvent pas les écouter avec plaisir, les bruits de la vie naturelle et sauvage encore existants* ».

Sans oublier l'obligation de « *s'accoutumer aux sons traditionnels du village* » (cloches, tracteurs, moissonneuses…).

INTERDICTION DE TOMBER ENCEINTE !

PETIT VILLAGE de Bourgogne de près de 1 000 habitants, Sainte-Colombe-sur-Seine va faire parler de lui. Tout démarre par la fermeture, en 2008, de la maternité située dans la commune voisine. Conséquence selon le maire de Sainte-Colombe ? Ses administrées enceintes devront faire au moins une heure de route pour se rendre à Semur-en-Auxois, voire plus pour rejoindre le CHU de Dijon. Ce qui mettrait en danger la vie de l'enfant et de la future maman.

Ainsi, le 2 juin 2008, le maire prend un arrêté « interdisant aux femmes de procréer ». On apprend dans ce texte que « *les femmes enceintes devront quitter le territoire communal dès le 1er juillet 2008* » (article 2) et que « *des panneaux d'interdiction seront mis en place à l'entrée du village et des hameaux* » (article 3).

Pour prendre une telle décision, le maire se réfère au préambule de la Constitution selon lequel « *la Nation assure à l'individu et à la famille les conditions nécessaires à leur développement* ». Sans oublier qu'« *elle garantit à tous, notamment à l'enfant, à la mère et aux vieux travailleurs, la protection de la santé, la sécurité, le repos et les loisirs* ».

Il va sans dire que la force de cet arrêté est avant tout symbolique et visait à alerter l'opinion.

UN EXEMPLE d'un texte juridique ne servant à rien ? Un des plus « frappants » serait sans doute l'arrêté pris, en 2009, par le maire de Vénissieux interdisant de caillasser le tramway dans sa ville. Ce que prévoit déjà la loi.

À quand un arrêté prohibant le meurtre ?

INTERDIR POUR INTERDIR ?

J
U
V
E
S
G
H

« JOIES » ADMINISTRATIVES

POUR TOUT le monde, les deux premiers chiffres du code postal d'une commune représentent le département. Ainsi, Pau, dont le code postal est 64000, se trouve dans le département 64 (Pyrénées-Atlantiques).

En réalité, les deux premiers chiffres du code postal sont ceux du département du bureau distributeur. Une commune rattachée à un bureau distributeur situé dans un autre département portera donc un code postal sans rapport avec son département.

Un exemple ? La commune de Laveyrune se trouve en Ardèche (07) mais son code postal est 48250 car elle est rattachée à un bureau distributeur situé en Lozère frontalière.

JOURS FÉRIÉS EN RAB

DANS LES COMMUNES d'Alsace et de Moselle où il existe un temple protestant ou une église mixte, le Vendredi saint est férié. Cependant, dans le département de la Moselle, le préfet peut « *autoriser ou interdire l'ouverture des établissements commerciaux le Vendredi saint et ceci de manière uniforme dans le département, indépendamment de la présence d'un temple protestant ou d'une église mixte dans les communes** ». De plus, la Saint-Étienne (le 26 décembre) est également un jour férié en Alsace et en Moselle. Ces deux jours fériés supplémentaires ont été autorisés par une ordonnance d'Empire du 16 août 1892 rédigée par le *ministerium für Elsass-Lothringen* (ministère de l'Alsace-Lorraine).

Le Conseil d'État a invoqué ce texte, en 2009, dans une de ces décisions**.

N'est-ce pas un argument supplémentaire pour aller travailler dans cette belle région ?

De plus, la loi du 10 août 2009 qui traite de la question du travail le dimanche ne s'applique pas en Alsace et en Moselle.

* Article L. 3134-14 du Code du travail.

** Conseil d'État, 6 mai 2009.

JUGE & PARTIE

CHAQUE CITOYEN français âgé de 23 à 70 ans qui n'a pas été condamné à une peine supérieure à six mois de prison avec sursis peut être tiré au sort *via* les listes électorales pour siéger au sein d'un jury d'assises, devoir qu'il est obligé de remplir.

On peut donc, à tout moment, être appelé à exercer les fonctions de juge et cela peut donner lieu à des situations cocasses. Ainsi, début 2009, la cour d'assises des Vosges se réunit pour juger un individu accusé d'un meurtre. Surprise ! L'avocat de ce dernier est tiré au sort pour être juré, c'est-à-dire pour juger de l'affaire.

« Lorsque j'ai reçu ma convocation, je me suis dit : je suis l'avocat d'accusés, je ne peux donc pas être juré. J'ai alors pris mon Code de procédure pénale. Et je me suis rendu compte que j'avais tort », a raconté l'avocat.

En effet, d'après ce Code (article 291), les conjoints, parents, oncles ou neveux *« de l'accusé ou de son avocat »* ne peuvent être jurés. Mais pas un mot sur l'avocat lui-même !

Et ce dernier d'ironiser : « Il faudra peut-être que je m'amuse comme lors d'un partie de tennis à aller d'un banc à l'autre. »

Reste à la partie adverse la possibilité de le récuser.

LE TEXTE est sans ambiguïté : « *Toute femme désirant s'habiller en homme doit se présenter à la préfecture de police pour en obtenir l'autorisation.* »

Cette ordonnance du 16 brumaire an IX (7 novembre 1800) a été prise par le préfet de police de Paris. Jamais abrogée, elle ne s'applique donc qu'à Paris et à ses alentours : la Seine-Saint-Denis, Saint-Cloud, Sèvres et Meudon. Les provinciales peuvent ainsi s'habiller comme elles le souhaitent !

L'objectif est de lutter contre le fait que « beaucoup de femmes se travestissent ».

JUPE OBLIGATOIRE !

La sanction est prévue puisque « *toute femme trouvée travestie, qui ne se sera pas conformée aux dispositions des articles précédents, sera arrêtée et conduite à la préfecture de police* ».

Ainsi, et contrairement aux idées reçues, il s'agit d'une ordonnance du préfet (équivalent d'un arrêté préfectoral) et non d'une loi. Seul un arrêté du préfet pourrait donc mettre fin à ce texte. Telle est la demande formulée, fin septembre 2010, par le Conseil de Paris. « Mais, aujourd'hui, la prise d'un acte d'abrogation express a-t-elle un sens ? » a répondu la préfecture.

C'ÉTAIT très peu probable et pourtant c'est arrivé. À Aix-en-Provence, en 2008, une personne soupçonnée d'homicide volontaire a reçu une convocation pour être juré devant la cour d'assises qui devait la juger.

Non sans malice, son avocat a demandé à la justice que son client soit remis en liberté afin que celui-ci puisse « se préparer dans les meilleures conditions à juger, car il souhaite bien entendu accomplir ses obligations citoyennes ».

Le plus amusant dans cette histoire, c'est le bruit qu'elle a provoqué alors que cette situation n'est juridiquement pas possible. En effet, le Code de procédure pénale est explicite : « *sont incapables d'être jurés […] ceux qui sont en état d'accusation** ».

Selon toute vraisemblance, l'avocat ignorait l'existence de cette disposition.

JURÉ À SON PROPRE PROCÈS !

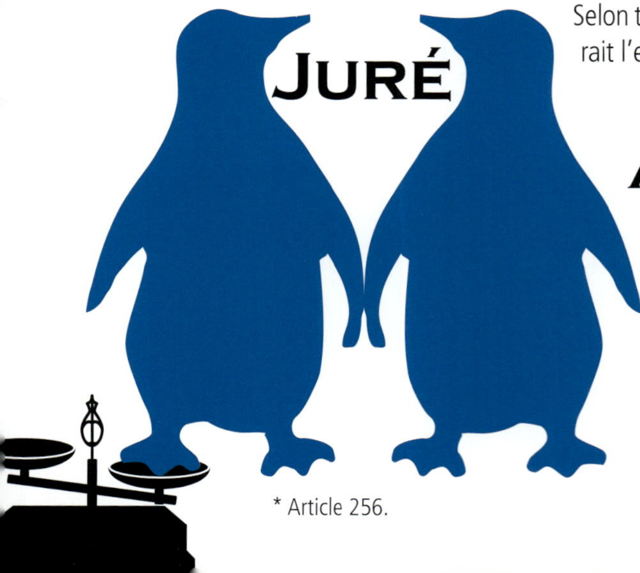

* Article 256.

« **Cadis** » signifie « juges » en arabe. Ils ont en charge une partie de la justice à Mayotte. En effet, l'article 75 de la Constitution permet à ce territoire français depuis 1841 – de 375 km^2 et d'environ 186 000 habitants – situé dans l'océan Indien et au nord du canal du Mozambique de bénéficier d'un statut civil de droit local et d'inspiration musulmane.

Justice cadiale

Ainsi, les litiges nés de ce droit local sont de la compétence de la justice cadiale régie par un décret du 1er juin 1939 relatif à l'organisation de la justice indigène dans l'archipel des Comores.

Les cadis nommés par le préfet ont trois types d'activité :

– l'activité judiciaire, qui se réduit au fur et à mesure que l'application du droit commun progresse. Cette activité est rémunérée par le conseil général ;

– l'activité notariale : donations, actes de vente, liquidation des successions… ;

– l'activité sociale et administrative (médiation, autorité morale et religieuse). Il appartient ainsi au grand cadi de fixer la date de début du ramadan.

En 2008, la mission sénatoriale a noté que la justice cadiale disposait de peu de moyens et que le niveau de formation des cadis était faible. La plupart ont suivi une formation en droit coranique mais aucun n'a de formation universitaire en droit français. Plusieurs d'entre eux rencontrent des difficultés pour s'exprimer et rédiger leurs décisions en français*.

Cependant, le rôle des cadis est appelé à s'amoindrir dans les années qui viennent. En effet, la départementalisation de Mayotte, prévue en mars 2011, recentre le cadi sur des fonctions de médiation sociale.

Et si une décision rendue par le tribunal administratif de Mayotte fait l'objet d'un appel ? L'affaire sera alors jugée par la cour administrative de Bordeaux**. C'est ainsi que cette dernière peut être amenée à invoquer le traité de cession de Mayotte à la France en date du 25 avril 1841*** afin de résoudre une difficulté.

* http://www.senat.fr

** Article R. 221-7 du Code de justice administrative.

*** Cour administrative d'appel de Bordeaux, 9 juillet 2009.

K

« **LE GOUVERNEMENT** *détermine et conduit la politique de la Nation** » et cela va jusqu'à définir ce qu'est un vélo ! En effet, un décret** se penche sur la prévention des risques résultant de l'usage des bicyclettes. Et on y apprend ce que sont ces dernières. Il s'agit d'un « *produit comportant deux roues et une selle, et propulsé principalement par l'énergie musculaire de la personne montée sur ce véhicule, en particulier au moyen de pédales* ».

Est-ce à dire qu'un vélo à quatre roues conçu pour les enfants n'est pas une bicyclette ?

KESAKO ?

* Article 20 de la Constitution.

** Décret 95-937 du 24 août 1995, art. 1 (*J.O.* du 25 août 1995).

LA MITRAILLETTE ET LA PLUME

QU'ON LE SACHE ! Le ministre interdit à tout militaire d'adresser directement, à titre d'hommage, à l'étranger, leurs ouvrages, travaux personnels ou inventions.

Les communications de cette nature doivent être autorisées par le ministre et parvenir ensuite à destination par la voie diplomatique. Toute infraction à ces dispositions sera sévèrement réprimée… sans que la sanction soit précisée.

Et c'est une circulaire « *relative à l'envoi d'ouvrages à des souverains étrangers* » qui nous l'apprend. Elle date du 30 mai… 1904*.

* www.circulaires.gouv.fr

L'ALGÉRIE TOUJOURS DANS LES TEXTES !

EN JUILLET 2012, l'Algérie fêtera son premier demi-siècle d'indépendance. Pourtant, ce pays est toujours mentionné dans certaines lois françaises.

Un des exemples les plus criants est sans doute la loi de 1955 « *instituant un état d'urgence et en déclarant l'application en Algérie* ».

Bien qu'elle ait été modifiée en mai 2009, il y est toujours mentionné que « *l'état d'urgence peut être déclaré sur tout ou partie du territoire de l'Algérie* » et que le gouverneur général peut prononcer l'assignation à résidence.

De même, la loi de 1955 relative à la protection du titre d'œnologue précise toujours qu'elle « *est applicable à l'Algérie* » ou celle du 3 juillet 1913 relative aux sociétés d'épargne dont la plupart des dispositions sont toujours en vigueur.

Sans oublier que la loi du 20 avril 1910, selon laquelle « *l'affichage est interdit sur les immeubles et monuments historiques classés [...] ainsi que sur les monuments naturels et dans les sites de caractère artistique (également) classés* » est « *applicable à l'Algérie* ».

Attention ! Toute infraction à cette disposition est « *punie d'une amende de vingt-cinq anciens francs à mille anciens francs* ».

Une proposition de loi déposée à l'Assemblée nationale en 2009 prévoit de supprimer de la législation française toute référence à l'Algérie. En octobre 2010, elle était encore très loin d'être adoptée.

LANCER DE NAIN

AUSSI CHOQUANT que cela puisse paraître, le lancer de nain est une attraction pratiquée habituellement – notamment en Australie – dans les bars ou discothèques, consistant à lancer une personne de petite taille (coiffée d'un casque et portant une tenue rembourrée) le plus loin possible sur des matelas.

Face à ce genre de manifestation, le maire d'Aix-en-Provence adopta un arrêté précisant que « *tous spectacles dits de "lancers de nains" sont interdits sur l'ensemble du territoire communal** ».

Le Conseil d'État s'est, lui aussi, penché sur la question : « Considérant que l'attraction de "lancer de nain" consistant à faire lancer un nain par des spectateurs conduit à utiliser comme un projectile une personne affectée d'un handicap physique et présentée comme telle ; que, par son objet même, une telle attraction porte atteinte à la dignité de la personne humaine ; que (la mairie) pouvait, dès lors, l'interdire même en l'absence de circonstances locales particulières et alors même que des mesures de protection avaient été prises pour assurer la sécurité de la personne en cause et que celle-ci se prêtait librement à cette exhibition, contre rémunération**. »

À noter donc que le juge n'interdit pas formellement cette activité mais autorise un maire à la prohiber.

* Arrêté du 23 janvier 1992.

** Conseil d'État, 27 octobre 1995.

L'HABIT NE FAIT PAS LE MAIRE

EN VERTU d'un décret du 1er mars 1852 (!), le costume officiel des maires se compose d'un habit bleu avec des broderies en argent, une branche d'olivier au collet, des parements et une taille, baguette au bord de l'habit ; s'ajoutent à cette tenue un gilet blanc, un chapeau français à plumes noires avec ganse brodée en argent, une épée argentée à poignée de nacre et une écharpe tricolore avec glands à franges d'or. Le costume des adjoints au maire est un peu différent et se reconnaît à ses coins brodés au collet, son parement, taille et baguette. Cela vous donne-t-il envie d'être candidat aux prochaines élections municipales ? Avant de vous engager pour l'« uniforme », sachez cependant que le décret du 1er mars 1852, relatif au costume des fonctionnaires et employés dépendant du ministère de l'Intérieur, n'est qu'une survivance historique, et que le port de l'uniforme, en particulier pour les maires et leurs adjoints, est tombé en désuétude depuis de nombreuses décennies. Dans la pratique, c'est l'écharpe tricolore qui constitue, de nos jours, la marque distinctive des maires et adjoints.

LICENCE IV

AUCUNE boisson alcoolisée n’est autorisée sur le lieu de travail. Mais rassurons-nous, il existe quatre exceptions : la bière, le vin, le cidre et le poiré* !

* Article R. 4228-20 du Code du travail.

SUITE À la Seconde Guerre mondiale, la France a donné aux forces alliées des terrains afin d'inhumer les corps des militaires victimes du conflit. Ainsi, a été accordée aux États-Unis, « *gratuitement et sans limitation de durée, la libre disposition des terrains situés en France [...], choisis et utilisés, soit comme cimetières permanents pour la sépulture des ressortissants américains victimes de la guerre 1939-1945, soit pour la construction de monuments commémoratifs des hauts faits des forces armées des États-Unis au cours de cette même guerre** ».

Ces terrains « *sont et resteront exonérés de tous impôts présents et à venir mais demeureront la propriété de l'État français**. »

LOCATION GRATUITE

* Article 1er de l'Accord du 1er octobre 1947.

MAIRE... SANS HABITANTS

LORS DES DERNIÈRES élections municipales, dans certaines localités, l'élection du maire n'a fait l'objet d'aucun suspense. Et pour cause : il n'y a aucun habitant !

Il s'agit des six communes « mortes pour la France », rasées pendant la bataille de Verdun, en 1916, et situées dans la Meuse (Lorraine). Chaque maire tient un registre d'état civil bloqué à « zéro habitant ».

Nommés par le préfet, ces maires reçoivent une écharpe tricolore mais n'ont pas le statut de « grand électeur » et ne peuvent donc pas élire les sénateurs ni même parrainer des candidats à l'élection présidentielle.

Leur domicile établi dans une autre commune fait office de mairie.

Les six communes « mortes pour la France » sont Beaumont-en-Verdunois (186 habitants avant la Première Guerre mondiale), Bezonvaux (prise et reprise seize fois en deux mois par les Français et les Allemands, 149 habitants en 1911), Cumières-le-Mort-Homme (205 habitants avant la guerre de 14-18), Haumont-près-Samogneux (131 habitants en 1911), Louvemont-Côte-du-Poivre (183 habitants avant 14-18) et Fleury-devant-Douaumont (422 habitants avant 14-18).

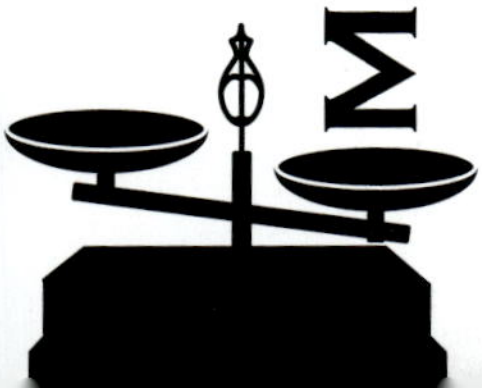

CURIEUSEMENT, il n'y a pas de textes qui règlent la question du cumul des mandats pour un président de la République.

Ainsi, Valéry Giscard d'Estaing est resté conseiller municipal de Chamalières jusqu'en 1977, soit trois ans après sa victoire présidentielle.

MANDATS À CÉDER

De même, en mai 1995, Jacques Chirac accède à l'Élysée et par la même occasion démissionne de sa fonction de maire de Paris. Cependant, il reste conseiller municipal jusqu'en septembre de la même année, c'est-à-dire jusqu'aux élections municipales.

Nicolas Sarkozy, lui, conservera son mandat de conseiller général des Hauts-de-Seine quelques mois après avoir remporté l'échéance suprême.

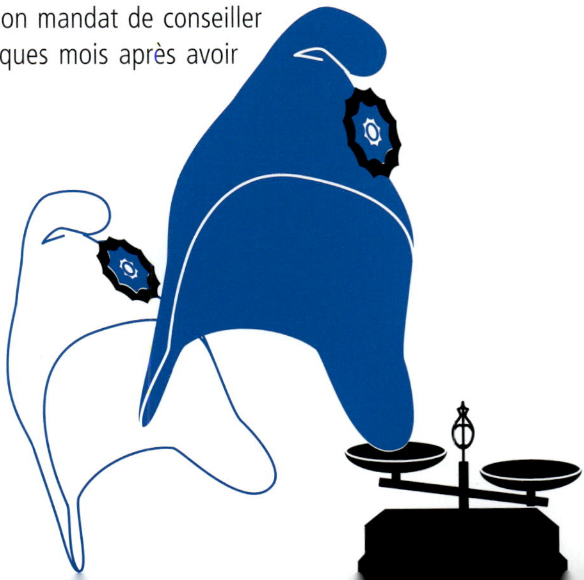

La polygamie était autorisée en France jusqu'en 2003... sur le territoire de Mayotte. L'abandon de cette spécificité n'étant applicable qu'aux personnes accédant à l'âge requis pour se marier au 1er janvier 2005, les plus âgés ont pu rester polygames, ou le devenir, jusqu'à ce qu'en juin 2010 la polygamie soit proscrite pour l'avenir quel que soit l'âge des intéressés*.

Mariage multiple

La fin de cette pratique n'a pas fait l'unanimité. Ainsi, Mohamed Hachim, le grand cadi de Mayotte de 1997 à 2009, estime que ce mode de vie « protège les femmes, en particulier les plus faibles. Par exemple, si la première épouse ne peut pas avoir d'enfants, plutôt que de la quitter et de divorcer comme chez vous, le mari en prend une autre tout en restant avec la première. Si une épouse est malade, une autre peut rester à la maison pour la soigner ». Conformément au référendum du 29 mars 2009, Mayotte devient en 2011 le 5e département d'outre-mer après la Guyane, la Martinique, La Réunion, et la Guadeloupe... Quelques coutumes sont-elles à échanger ?

* Ordonnance n° 2010-590 du 3 juin 2010 (*J.O.* du 4 juin 2010).

LE CODE CIVIL a beau préciser que l'homme et la femme avant dix-huit ans révolus « *ne peuvent contracter mariage** », la loi n'énonce pas explicitement que la différence de sexes est une condition de validité du mariage.

Ce silence du Code civil s'explique : lors des débats préalables à la définition du mariage en 1792, lorsqu'un légiste proposa d'y inclure la notion de différences des sexes, l'assistance s'esclaffa... Dans l'esprit du législateur, c'était une évidence. Il y a cependant une faille : le Code civil est muet sur la définition du couple comme union de personnes de sexe opposé. En ce sens, rien n'interdit le mariage homosexuel. Mais l'article 213, qui précise les obligations découlant du mariage, et que le maire lit aux époux, stipule qu'ils doivent « *pourvoir ensemble à l'éducation des enfants* ». Cet article induit que le mariage a, entre autres buts, celui de procréer. Or, pour avoir des enfants, il faut être hétérosexuel. Cependant, il faut reconnaître que l'article 213 ne précise pas qu'il s'agit des enfants du couple. Cela peut être des enfants adoptés. Le Code civil précise cependant que le maire « *recevra de chaque partie, l'une après l'autre, la déclaration qu'elles veulent se prendre pour mari et femme*** », supposant ainsi que la différence de sexe est une nécessité.

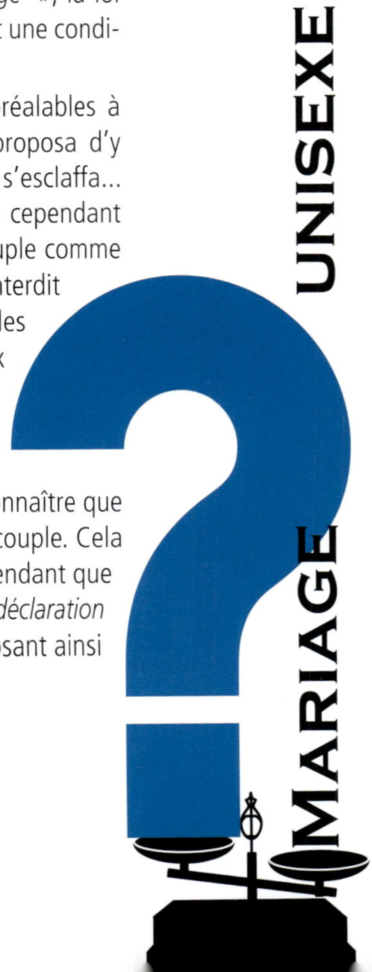

* Article 144 du Code civil.

** Article 75 du Code civil.

Mariage pour « causes graves »

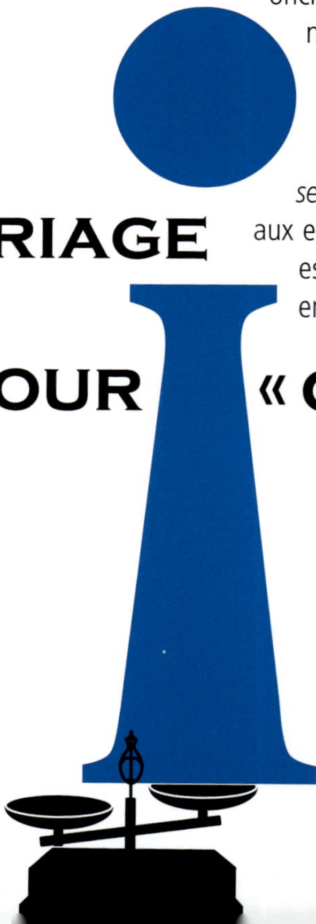

En plus d'être le « *garant de l'indépendance nationale* », le président de la République peut, plus simplement, être celui qui autorise dans des cas précis le mariage. « *Pour des causes graves* » (en pratique, l'état de grossesse), le chef de l'État peut autoriser un oncle à se marier avec sa nièce et une tante avec son neveu*.

Autant dire qu'avoir des projets avec sa tante nécessite de bien s'entendre avec le président de la République ! De plus, et toujours « *s'il y a des causes graves*** », le locataire de l'Élysée peut permettre aux enfants adoptifs d'un même individu de s'unir. Il en est de même pour le mariage entre l'adopté et les enfants biologiques de l'adoptant.

* Article 164 du Code civil.

** Article 366 du même code.

MARIÉE...

POUR respecter les formalités nécessaires à la célébration de son mariage, Mademoiselle V. sollicite un extrait d'acte de naissance auprès de la mairie de son lieu de naissance. Lorsqu'elle reçoit l'acte demandé, elle s'aperçoit que la mention du mariage de sa sœur jumelle, célébré quelques années avant, a été portée par erreur en marge de son propre acte de naissance. Elle a donc été mariée par erreur !

Heureusement, le procureur de la République a, par la suite, « rectifié le tir ».

PAR ERREUR

SI L'INSTRUCTION est une obligation « *pour les enfants des deux sexes, français et étrangers, entre six et seize ans** », l'école – contrairement aux idées reçues – n'a rien d'obligatoire ! Eh, oui ! L'enseignement peut être dispensé dans les classes mais également « *dans les familles par les parents, ou l'un d'entre eux ou toute personne de leur choix* ».

On estime d'ailleurs qu'environ 40 000 enfants suivent une instruction hors école.

Voilà un argument qui devrait susciter des vocations de contestataires parmi les plus petits.

« MAIS OUI, MAIS OUI, L'ÉCOLE EST FINIE ! »

* Article L. 131-1 du Code de l'éducation.

« **IL SERA LIBRE** *à toute personne de faire tel négoce ou d'exercer telle profession, art ou métier qu'elle trouvera bon ; mais elle sera tenue de se pourvoir auparavant d'une patente, d'en acquitter le prix, et de se conformer aux règlements de police qui sont ou pourront être faits.* »

C'est l'article 7 toujours en vigueur de la loi du 17 mars 1791 qui l'affirme ! Avant de se lancer dans le commerce, mondial ou non, ne pas oublier donc de s'acquitter de la patente.

MONDIALISATION

Mort vivant

L'HISTOIRE commence en 1986 lorsqu'un ancien légionnaire coupe les ponts avec sa famille vivant en Île-de-France et s'installe à Montpellier. Ses proches souhaitent le revoir : un administrateur est donc nommé dans ce but.

En 2004, sa fille le retrouve sans pour autant en avertir l'administrateur. Ce dernier, n'étant donc pas au courant de ce changement de situation, déclare l'ancien disparu mort puisque sans nouvelles depuis vingt ans.

Dès lors, l'administration ne lui verse plus la retraite et l'assurance maladie ne lui rembourse plus rien. Résultats des courses : il est allé devant le tribunal de grande instance de Paris afin de prouver qu'il était bel et bien vivant. « Il a fallu ressortir des photos et apporter des témoignages pour prouver que je n'étais pas mort », précise-t-il.

Et le juge de lui donner raison : cet homme est vivant !

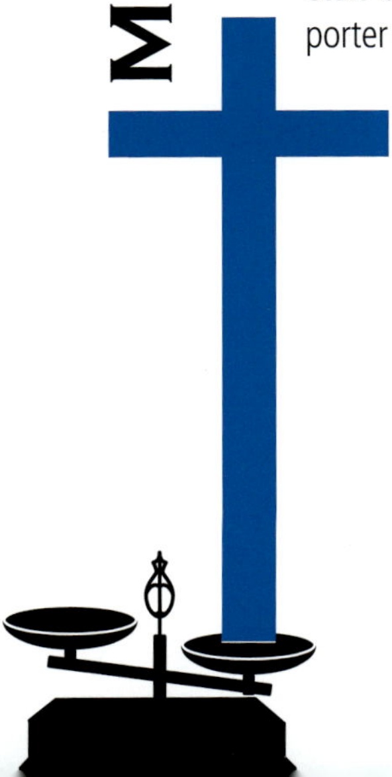

LE MARIAGE posthume est issu d'une loi* de circonstance, c'est-à-dire qu'elle a pour origine un fait d'actualité. En l'occurrence, il s'agit d'une jeune femme enceinte qui – lors de la rupture du barrage de Malpasset à Fréjus – a perdu son fiancé alors que leur mariage devait avoir lieu deux semaines plus tard. C'est le chef de l'État qui peut « *autoriser la célébration du mariage si l'un des futurs époux est décédé après l'accomplissement de formalités officielles marquant sans équivoque son consentement*** ». Ce texte pose donc trois conditions : la manifestation certaine du consentement du futur époux décédé, l'aval présidentiel, et un motif grave (état de grossesse, par exemple).

NOCES MACABRES

Concrètement, la procédure exige une enquête minutieuse et précise, conduite par le parquet, afin que le président soit éclairé sur l'existence, ou non, des conditions nécessaires. Enfin, tout est mis en œuvre pour que cette enquête soit conduite rapidement et que la procédure n'excède pas une année***.

Il faut préciser que « *ce mariage n'entraîne aucun droit de succession ab intestat au profit de l'époux survivant et (qu')aucun régime matrimonial n'est réputé avoir existé entre les époux* ». Cependant, la personne veuve peut prétendre à une pension de réversion, au bénéfice de l'assurance veuvage et au versement d'un capital décès.

Les effets du mariage remontent à la date du jour précédant celui du décès de l'époux.

Donner son feu vert à un mariage posthume a été l'une des premières décisions prises par le président Sarkozy. Un gardien de la paix a été tué le 9 avril 2007 près de Paris. Sa compagne adresse une demande au chef de l'État le 2 mai. Le décret autorisant ce mariage est signé le 7 juin, soit trois semaines après la prise de fonction du nouveau président.

De même, le 20 mai 2009, le président a autorisé la compagne d'un militaire français tué en Afghanistan à s'unir avec ce dernier de façon posthume.

Une dizaine de mariages à titre posthume sont célébrés chaque année en France.

* Loi du 31 décembre 1959, art. 23 (*J.O.* du 8 janvier 1960).

** Article 171 du Code civil.

*** *Journal officiel* du 15 avril 2008, « Questions et Réponses », page 3294.

« **Comment** rendre la justice si l'assassin pouvait lever les bras au ciel en arguant – sans même mentir sur ce point – qu'il n'a jamais ouvert un Code pénal* ? ».

« Nul n'est censé ignorer la loi »

Nemo censetur ignorare legem ne signifie pas que tout citoyen est dans l'obligation de connaître toutes les lois, l'ensemble des décrets, la totalité des circulaires, ou encore les décisions de justice. Ce devoir serait voué à l'échec.

Cette maxime est cependant primordiale car elle empêche d'invoquer l'ignorance pour écarter l'application d'une loi. Bien que tout le monde connaisse cette maxime, il faut savoir qu'elle ne figure dans aucun texte ! Ce qui n'empêche pas le juge de l'invoquer**.

* Jestaz Ph., *Le droit, Connaissance du droit*, Dalloz, 3e éd, 1996, page 85.

** Cour d'appel de Rennes, 4 décembre 2007.

LA FAMEUSE loi de 1901, relative aux associations, ne s'applique pas à l'Alsace-Moselle puisqu'à cette époque ce territoire était allemand.

OBJET ASSOCIATIF ET BUT LUCRATIF

Ce sont donc les dispositions du Code civil local qui définissent les règles du jeu en la matière et laissent apparaître des particularités. Ainsi, les membres fondateurs signataires des statuts doivent être au minimum sept* alors que deux peuvent suffire dans les autres départements.

Chose plus surprenante, ces associations peuvent poursuivre un but lucratif : le partage des bénéfices entre les membres est possible**.

* Article 56 du Code civil local.

** Articles 21 à 79 III du même code.

OFFRE D'EMPLOI RAISONNABLE ?

PIANOTANT sur le site de Pôle emploi, une femme découvre une nouvelle annonce dont l'intitulé est : « Animations de *chats* pour adultes (messagerie rose), travail de jour ou de nuit » !

Une porte-parole de Pôle emploi souligne qu'ils ne peuvent, juridiquement, refuser une annonce si elle est légale et non discriminatoire.

Ainsi, les exemples insolites fleurissent. Un demandeur d'emploi de 58 ans résidant dans l'Hérault s'est vu proposer un temps partiel en Corse… d'une heure par semaine ! Soit une distance de près de 250 kilomètres pour une rémunération horaire de 9 euros.

Autre illustration surprenante, celle d'un club de football à la recherche d'une secrétaire pouvant aussi entraîner l'équipe des minimes, quelques heures par semaine ! Mais puisque c'est légal…

UN CONFLIT éclate dans un restaurant : le conjoint de la gérante fait une remarque au cuisinier. « Au lieu de nous casser les couilles, rétorque ce dernier, vous feriez mieux de nous aider. » Mise à pied conservatoire le jour même et licenciement pour faute grave.

ORGANES MASCULINS

Le magistrat considère* que la faute grave ne pouvait être retenue, les injures reprochées dans la lettre de licenciement n'étant pas caractérisées. Le jugement explique : « Nul besoin d'un dictionnaire pour savoir que le terme " couilles " désigne les organes sexuels masculins. Ce vocable ne peut revêtir un caractère injurieux que lorsqu'il vise de manière péjorative les caractéristiques de celles appartenant à son interlocuteur, ce qui n'est nullement le cas en l'espèce, puisque le salarié ne s'est plaint que du mauvais traitement des siennes. »

Cependant, le juge estime inadmissible qu'un salarié se laisse aller à de telles dérives verbales, ce comportement constituant à ses yeux une cause réelle et sérieuse de licenciement.

* Cour d'appel de Montpellier, chambre sociale, 7 janvier 1998.

EN JANVIER 2009, une personne condamnée à huit ans de prison pour homicide involontaire a aussitôt… été remise en liberté ! La présidente du tribunal a en effet oublié de mentionner le maintien en détention.

« Quand on prononce une peine et qu'on souhaite que le condamné reste en prison, il faut obligatoirement mentionner le maintien en détention, d'abord à l'audience, puis sur le dossier », précise un magistrat. Et d'ajouter : « Un tel oubli n'est pas une erreur matérielle. Il n'y a donc aucune rectification possible. »

ATTENTION ! Les OVNI sont indésirables à Châteauneuf-du-Pape (Vaucluse) et cela depuis 1954. Objectif ? Rassurer les habitants qui, à cette époque, prétendaient en avoir vus.

Interrogé en 2008, le maire, Jean-Pierre Boisson, précise : « J'ai vérifié, l'arrêté est toujours en application. Il n'a pas été supprimé jusque-là, alors pourquoi voulez-vous que je le fasse ? Il est là, il y reste. Il fait partie de l'histoire de la commune ».

Arrêté, pris en 1954, par le maire de Châteauneuf-du-Pape :

« Art. 1. Le survol, l'atterrissage et le décollage d'aéronefs dits soucoupes volantes ou cigares volants, de quelque nationalité que ce soit, sont interdits sur le territoire de la commune.

Art. 2. Tout aéronef, dit soucoupe volante ou cigare volant qui atterrira sur le territoire de la commune, sera immédiatement mis en fourrière.

Art. 3. Le garde champêtre et le garde particulier sont chargés, chacun en ce qui le concerne, de l'exécution du présent arrêté. »

OVNI INTERDITS DE SÉJOUR

P

PARENTS ABUSIFS

AUSSI ÉTONNANT que cela puisse paraître, les parents peuvent s'opposer au mariage de leurs enfants, même majeurs. Issu d'une loi du 17 mars 1803, l'article 173 du Code civil précise que « *le père, la mère, et, à défaut de père et de mère, les aïeuls et aïeules peuvent former opposition au mariage de leurs enfants et descendants même majeurs* ». Il faut tout de même préciser que les parents doivent invoquer un motif légal, c'est-à-dire portant sur une des conditions du mariage. Impossible donc d'empêcher la célébration d'une union pour une simple raison d'opportunité. Reste donc à espérer que les parents n'aient pas de notions juridiques trop poussées pour qu'ils ne puissent appliquer ce texte vieux de plus de 200 ans. Ce qui n'a pas été le cas d'un père qui a formé opposition, considérant qu'il était contraire à l'intérêt de son enfant de s'unir avec une personne transsexuelle. Le mariage posthume a été aussi l'occasion d'exercer ce droit d'ingérence. Sans succès*.

À noter qu'« *à défaut d'aucun ascendant, le frère ou la sœur, l'oncle ou la tante, le cousin ou la cousine germains, majeurs* » ne pourront former opposition que dans des cas très précis comme l'état de démence supposé du futur époux**.

* Cour de cassation, chambre civile I, 30 mars 1999.

** Article 174 du Code civil.

PASSEPORT RÉVOLUTIONNAIRE

IL N'EST PAS étonnant de prévoir que « *les passeports* [...] *contiendront le nom des personnes auxquelles ils seront délivrés, leur âge, leur profession, leur signalement, le lieu de leur domicile et leur qualité de Français* [...] ».

Ce qui l'est davantage, c'est de penser que ce texte est issu d'un décret de 1792 toujours en vigueur et encore appliqué par le juge*.

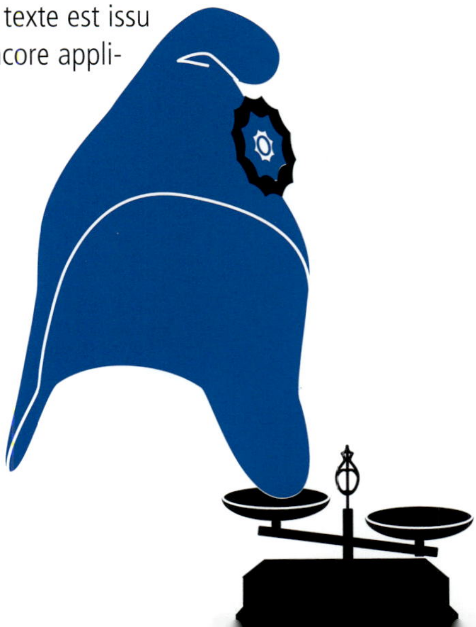

* Conseil d'État, 8 décembre 2000.

PAUSE ALLAITEMENT

SURPRISE ! Alors que le Code du travail a été entièrement réécrit en 2008 – notamment pour enlever certaines dispositions obsolètes–, on découvre que « *tout employeur employant plus de cent salariées peut être mis en demeure d'installer dans son établissement, ou à proximité, des locaux dédiés à l'allaitement* ». Cette possibilité perdure donc !

Ainsi, « *pendant une année à compter du jour de sa naissance, la salariée allaitant son enfant dispose à cet effet d'une heure par jour durant les heures de travail* ».

Et tout est prévu puisque l'employeur fournit pour chaque enfant un berceau et un matériel de literie. Enfin, le local dédié à l'allaitement ne doit pas « *comporter de communication directe avec des cabinets d'aisance, égouts, puisards** ». Ouf !

* Articles L.1225-30 , L. 1225-32, R. 4152-13 et suivants du Code du travail.

PEINE DE MORT…
… SUR PAPIER

APRÈS des débats multiples et houleux, l'article premier de la loi du 9 octobre 1981 proclame – enfin – l'abolition de la peine de mort. Mais que lit-on à l'article 83 du Code civil ? « *Les greffiers criminels seront tenus d'envoyer, dans les vingt-quatre heures de l'exécution des jugements portant peine de mort* » les renseignements nécessaires à la rédaction de l'acte de décès.

Interrogée sur ce point par un sénateur, la ministre de la Justice précise que cette disposition a été implicitement abrogée car « les lois ayant perdu, de toute évidence, leur fondement ne trouvent plus à s'appliquer quand bien même elles ne seraient pas formellement abrogées ». Et la garde des Sceaux de préciser que cette solution n'est que l'application de l'adage latin énonçant que « la raison d'être de la loi cessant, cesse la loi elle-même* ». Ouf !

De même, l'article 85 du même code prévoit la rédaction des actes de décès en cas « *d'exécution à mort* ».

* *Journal officiel* du 5 avril 2001, Sénat, « Questions et Réponses », page 1185.

PLAGE INTERDITE AUX... ÉLÉPHANTS !

POUR ÉVITER la pollution des eaux de baignade, le maire de Granville (département de la Manche) a pris, le 10 juillet 2009, un arrêté visant à interdire la présence des éléphants sur les plages de sa commune.

« L'an passé, deux cirques sont venus à Granville et se sont installés en face de la plage de Hérel », raconte le premier magistrat de la commune. Et de poursuivre : « Si la présence de ces pachydermes est plutôt sympathique, c'est aussi une catastrophe pour la qualité des eaux de baignade. Car à cause de leurs excréments, nous avons dû par deux fois fermer la plage et hisser le drapeau rouge. »

Ainsi, l'article 5 de cet arrêté est sans ambiguïté : « *La plage et la baignade sont interdites pour la ménagerie du cirque.* »

PORTES OUVERTES

LA DEMEURE actuelle du chef de l'État réserve quelques surprises. Ainsi, le palais de l'Élysée, riche de 365 pièces, resta inoccupé sous l'Occupation allemande en juin 1940 et ce pendant six ans*.

Depuis 1978, un « PC Jupiter », nom du poste de commandement de la force de dissuasion nucléaire française, se situe dans les sous-sols au sein d'un abri anti-aérien. Les sous-sols abritent aussi des cuisines, un parc automobile, des ateliers de réparation et une salle de cinéma, soit 90 pièces en tout.

Suivez le guide !...

* *Raconte-moi le président de la République*, NANE Éditions, 2008.

UN MARIAGE *in extremis* est un mariage conclu alors que l'un des futurs époux (ou les deux) se trouve à l'article de la mort. Cette situation pose le problème de la manifestation de l'accord de l'époux mourant, question primordiale puisqu'« *il n'y a pas de mariage lorsqu'il n'y a point de consentement** ».

La Cour de cassation** a estimé qu'il appartient au juge de relever et d'interpréter les signes par lesquels cet époux a entendu affirmer sa volonté. En l'espèce, le consentement en a été déduit des larmes et du regard du marié (gravement accidenté) au moment où l'officier d'état civil lui a posé la question fatidique. Il faut préciser que ces époux – qui se connaissaient depuis longtemps – avaient manifesté leur intention de s'unir antérieurement à l'accident dont a été victime le futur mari.

POUR LE MEILLEUR... ET SURTOUT LE PIRE !

* Article 146 du Code civil issu d'une loi de 1803.

** Décision rendue le 22 janvier 1968.

PRÉSIDER PLUS... POUR GAGNER PLUS !

FACE AU SILENCE des textes, la rémunération du président de la République était, jusqu'en 2007, fixée... par lui-même.

Lors de son élection, le 6 mai 2007, Nicolas Sarkozy était censé renoncer à son salaire de ministre de l'Intérieur (11 500 euros nets mensuels) pour toucher celui de président, soit 7 500 euros (salaire de son prédécesseur). L'adepte du « travailler plus pour gagner plus » a vite remis les pendules à l'heure en s'accordant une augmentation de 172 % soit un salaire de 21 000 euros bruts mensuels.

Aujourd'hui, le salaire du chef de l'État est prélevé sur le budget global de l'Élysée. Les dépenses privées étant faibles, le salaire d'un président s'apparente donc à de l'argent de poche...

PREMIER RÔLE

EST-IL POSSIBLE d'être Premier ministre sans le savoir ? Oui… Ainsi, en juillet 2003, le Premier ministre Jean-Pierre Raffarin et le ministre de l'Intérieur, Nicolas Sarkozy, (numéro 2 du gouvernement dans l'ordre protocolaire) se sont rendus à l'étranger. C'est donc le numéro 3, le ministre des Affaires sociales de l'époque, François Fillon, qui s'est trouvé dans la peau de chef de gouvernement. Ce dernier avait déjà connu la même situation pendant une dizaine d'heures, quelques mois auparavant, et « je ne m'en suis même pas aperçu », avoue-t-il.

Ce n'était qu'un avant-goût de ce qu'il allait connaître plus tard car il sera nommé, en bonne et due forme, Premier ministre en mai 2007.

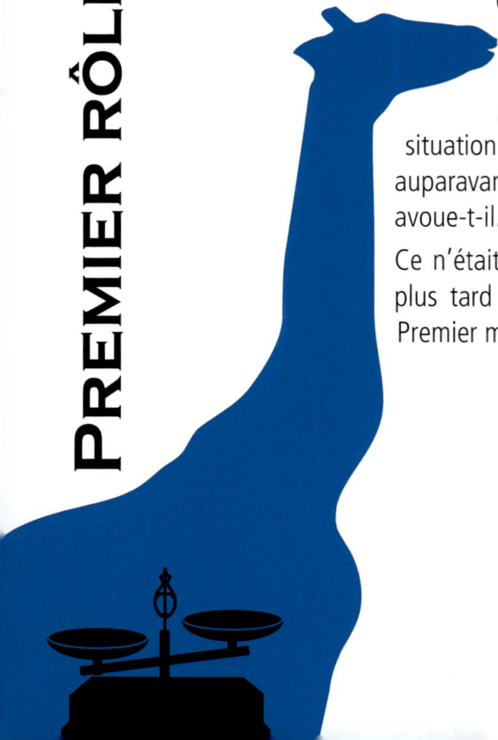

Q
A
O
W
B
H

Querelles de clocher !

Depuis 1905, l'Église et l'État sont séparés. Du coup, les cloches des églises peuvent-elles marquer les heures du jour et ainsi sonner plusieurs fois quotidiennement pour des raisons civiles et non religieuses ?

Oui, c'est possible si elles y sont autorisées « *par les usages locaux* » comme le souligne un décret de 1906 !

RIEN D'ÉTONNANT à penser que la nuit du 4 août 1789 ait relégué la noblesse au rang des lointains souvenirs. Et pourtant, le juge a eu récemment à se pencher sur le bien-fondé de la décision du garde des Sceaux d'inscrire, sur le registre du Sceau de France, M. Philippe B. comme ayant succédé au titre de duc de Reggio. Et, pour annuler cette décision, le juge s'est référé aux lettres patentes du 14 avril 1810, délivrées en exécution du décret impérial du 15 août 1809, conférant à M. Nicolas D. le titre de duc de Reggio*.

QUESTION DE STYLE !

Pour l'anecdote, l'article 2 de la loi du 6 fructidor an II (toujours en vigueur !) précise qu'il est interdit « *d'ajouter aucun surnom à son nom propre, à moins qu'il n'ait servi jusqu'ici à distinguer les membres d'une même famille, sans rappeler des qualifications féodales ou nobiliaires* ». Le premier article de cette loi confirme : « *Aucun citoyen ne pourra porter de nom ni de prénom autres que ceux exprimés dans son acte de naissance : ceux qui les auraient quittés seront tenus de les reprendre.* » En 2009, le juge a précisé que ce texte a seulement pour objet de prohiber l'utilisation de titres nobiliaires en usage sous l'Ancien Régime**.

* Cour d'appel de Paris, 9 juillet 2009.

** Cour administrative d'appel de Lyon, 15 décembre 2009.

En cas de divorce, la question de la « garde » de l'animal domestique se pose fréquemment.

Du point de vue juridique, cet animal est un bien mobilier (au même titre que la voiture ou la table du salon) avec un statut un peu particulier de protection contre la maltraitance.

Lorsque les époux ne peuvent se mettre d'accord, ils soumettent la question au juge aux affaires familiales en lui demandant de déterminer celui avec lequel l'animal devra vivre. Toutefois, les juges apprécient fort peu d'avoir à trancher ces points.

Qui garde Brutus ?

De plus, il n'est pas possible de demander au juge une « garde alternée », des droits de visite et d'hébergement ou encore une pension !

Plus amusant, la cour d'appel de Rouen a trouvé « regrettable qu'un mari en instance de divorce ait cru devoir saisir le juge aux affaires matrimoniales d'une demande de restitution d'un chien » expliquant que « saisir la justice de telles difficultés est peu sérieux d'autant que le chien est capable de se décider lui-même dans son choix* » ! Ouaf !

* Décision rendue le 22 novembre 1978.

QUOI DE NEUF SOUS LE SOLEIL ?

LE JOURNAL *Nice-Matin* a révélé que plusieurs règlements de copropriété, toujours en vigueur dans les immeubles de la Côte d'Azur, comportent des dispositions discriminatoires à l'égard des juifs.

Rédigés sous Vichy, ces règlements sont sans ambiguïté : « *Les comparants font les déclarations suivantes : 1°) Ils sont de nationalité française, ne sont pas juifs, ni conjoints de juif au sens des lois et ordonnances en vigueur.* » Comment expliquer une telle aberration ? Modifier un acte représente un coût. De 900 à 7 000 euros selon les frais de notaire. Cela explique peut-être que les gens au courant n'aient pas engagé de modifications, jugeant de fait l'article obsolète. Et il est très probable que l'on trouve encore ce type de règlements dans d'autres villes de France (sic !).

Q.I. « RESTREINT »

L'HISTOIRE se déroule dans le sud de la France. Mme X donne en location aux époux Y, pendant une période estivale, une caravane et ses accessoires.

La location se passe mal et, pour condamner Mme X, le juge utilise des arguments pour le moins surprenants. En effet, la juridiction de proximité de Toulon* retient « la piètre dimension de Mme X qui voudrait rivaliser avec les plus grands escrocs, ce qui ne constitue nullement un but louable en soi sauf pour certains personnages pétris de malhonnêteté comme ici Mme X dotée d'un quotient intellectuel aussi restreint que la surface habitable de sa caravane, ses préoccupations manifestement strictement financières et dont la cupidité le dispute à la fourberie, le fait qu'elle acculait ainsi sans état d'âme et avec l'expérience de l'impunité ses futurs locataires et qu'elle était sortie du domaine virtuel où elle prétendait sévir impunément du moins jusqu'à ce jour, les agissements frauduleux ou crapuleux perpétrés par elle nécessitant la mise en œuvre d'investigations de nature à la neutraliser définitivement ».

Le juge suprême** a cependant annulé cette décision au motif que les termes étaient injurieux et manifestement incompatibles avec l'exigence d'impartialité.

* Décision du 26 mai 2004.

** Cour de cassation, 14 septembre 2006.

Tous les cinq ans, nous élisons le président de la République et donc le chanoine honoraire de Saint-Jean-de-Latran (Rome), le chanoine d'honneur de Saint-Jean-de-Maurienne (Savoie) ainsi que le proto-chanoine de la cathédrale d'Embrun (département des Hautes-Alpes).

République laïque et titres religieux

Une fondation de Louis XI, en 1482, renouvelée par Henri IV, en 1604, fait du chef de l'État l'unique chanoine honoraire de Saint-Jean-de-Latran. Elle donnait à la cathédrale de Rome l'abbaye de Clairac (aujourd'hui située dans le Lot-et-Garonne).

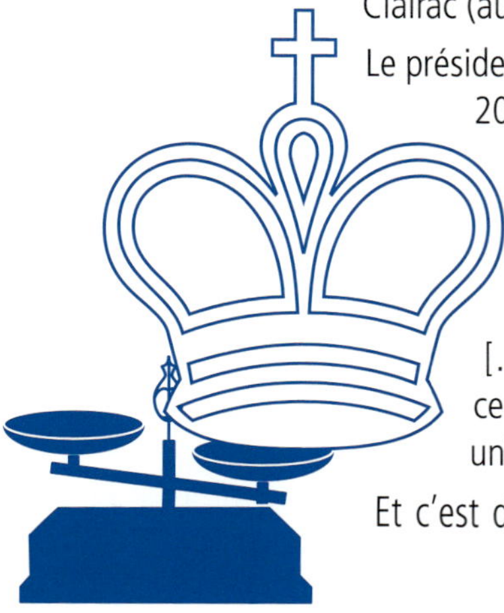

Le président Sarkozy s'est ainsi rendu, le 20 décembre 2007, à cette basilique « tête et mère de toutes les églises de Rome et du monde ».

Extrait du discours de Nicolas Sarkozy au palais du Latran : « En acceptant le titre de chanoine d'honneur de cette basilique [...], j'assume pleinement le passé de la France et ce lien si particulier qui a si longtemps uni notre nation à l'Église. [...]

Et c'est donc tout naturellement, comme le général

de Gaulle, comme Valéry Giscard d'Estaing, comme Jacques Chirac, que je suis venu m'inscrire avec bonheur dans cette tradition. »

Et si une femme est élue à la tête de l'État ? La basilique de Latran aurait-elle en son sein une chanoinesse ? Oui, assure l'ambassade de France auprès du Saint-Siège.

De même, suite au rattachement de la Savoie à la France en 1860, le chef de l'État est de droit chanoine d'honneur de Saint-Jean-de-Maurienne.

En 1489, le duc de Savoie Charles Ier fit don au vénérable chapitre cathédral de 3 000 florins pour la fondation d'une stalle, présentant la tête d'un bélier, dont lui et ses successeurs seraient les titulaires. Après sa conquête de la Savoie en 1536, le roi de France François Ier revendique les droits et privilèges des anciens souverains sur ce territoire et fut reconnu officiellement chanoine en 1537. Aujourd'hui, ce titre perdure.

Enfin, les libéralités royales en faveur d'Embrun incitent le chapitre d'Embrun à nommer Louis XIII proto-chanoine en 1629. Albert Lebrun et Charles de Gaulle ont fait le déplacement afin de recevoir ce titre. Une invitation a été envoyée, le 11 mai 2007, à Nicolas Sarkozy par Mgr di Falco afin de venir récupérer son titre à la cathédrale Notre-Dame d'Embrun.

Résider en France… à l'étranger

Dans certains cas, la résidence en France est une condition de l'acquisition de la nationalité française. Cependant, le Code civil (article 21-26) a prévu des hypothèses où ce critère est rempli sans pour autant que le demandeur ait vécu en France. Il en est ainsi – notamment – du « *séjour hors de France d'un étranger qui exerce une activité professionnelle publique ou privée pour le compte de l'État français ou d'un organisme dont l'activité présente un intérêt particulier pour l'économie ou la culture française* ».

De même, le séjour dans la principauté de Monaco est assimilé à la résidence en France*.

* Article 65 du décret du 30 décembre 1993.

RISIBLE ?

QU'ON SE LE DISE ! À Oloron-Sainte-Marie, le coq doit dorénavant se taire. Selon l'arrêté du maire pris en avril 2009, le cocorico est « *constitutif d'un trouble manifestement illicite* ». La sanction ? Une amende de 68 euros qui monte à 180 dans le cas où les propriétaires ne payent pas dans les 45 jours. Le maire précise que cette décision « a surtout pour vocation d'agir d'une façon pédagogique ». Cependant, si « aucune solution n'est trouvée, les gendarmes [...] devront faire appliquer l'arrêté ».

Et l'opposition municipale d'ironiser : « À quand l'interdiction du miaulement des chats ? »

ROTTWEILER À LA BARRE !

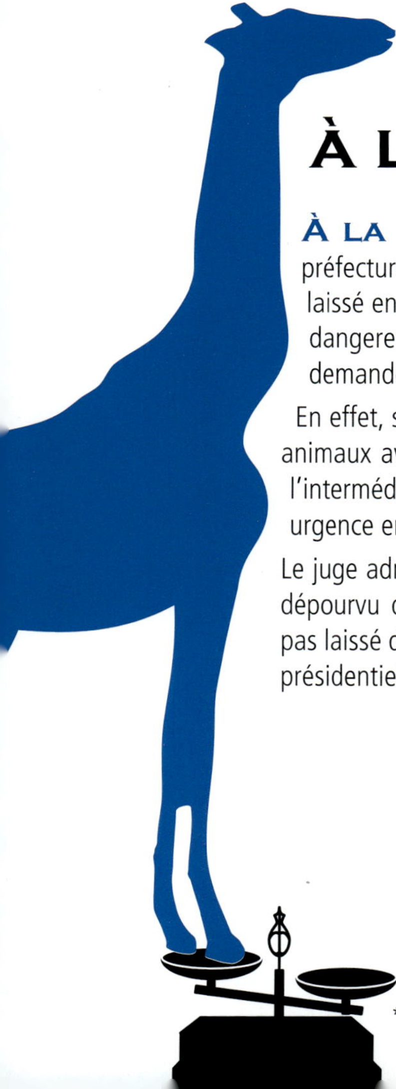

À LA SUITE d'une demande d'euthanasie déposée par la préfecture de Moselle à l'encontre d'un rottweiler qui avait été laissé en liberté par son maître alors qu'il avait un comportement dangereux et agressif, le tribunal administratif a été saisi d'une demande pour le moins singulière.

En effet, s'appuyant sur une jurisprudence du Moyen Âge où « les animaux avaient le droit de comparaître », l'animal a présenté par l'intermédiaire de son avocat une requête en « référé d'extrême urgence en vue de sauvegarder une liberté fondamentale ».

Le juge administratif a rejeté la requête au motif que l'animal était dépourvu de personnalité juridique. Son avocat ne s'est pourtant pas laissé décourager par cet échec et a déposé un recours en grâce présidentielle*.

* Tribunal administratif de Strasbourg, 23 mars 2002.

S'ENRICHIR EN DORMANT

QUI N'A JAMAIS rêvé de gagner de l'argent tout en ronflant ? C'est ce qui est arrivé à un salarié licencié pour faute grave au motif que, travaillant de nuit, il a été surpris dormant sur un lit de fortune derrière une machine de chantier.

Le juge a estimé que l'employeur n'avait pas agi de bonne foi, en laissant se poursuivre l'assoupissement du salarié plutôt que d'y mettre fin. Le licenciement est donc sans cause réelle et sérieuse.

Résultat des courses : le salarié recevra 35 000 euros à titre d'indemnités. Un beau rêve* !

* Cour de cassation, 21 février 2006.

SE SAOULER DANS LES RÈGLES !

NOUS SOMMES en 1984 à Vinsobres (cela ne s'invente pas !) dans la Drôme. Le maire prend un arrêté prohibant la consommation de « *toutes sortes de whisky* » pendant la durée de la foire aux côtes-du-rhône.

La sanction ? Une condamnation à une tournée générale de rouge !

AVANT QUE la cour d'assises – dont la décision n'a pas à être motivée – se retire, le président donne lecture de l'instruction suivante, qui est, en outre, affichée en gros caractères dans le lieu le plus apparent de la chambre des délibérations. Et ce texte de droit fait l'objet d'une ancienne et jolie rédaction : « *La loi ne demande pas compte aux juges des moyens par lesquels ils se sont convaincus, elle ne leur prescrit pas de règles desquelles ils doivent faire particulièrement dépendre la plénitude et la suffisance d'une preuve ; elle leur prescrit de s'interroger eux-mêmes dans le silence et le recueillement et de chercher, dans la sincérité de leur conscience, quelle impression ont faite, sur leur raison, les preuves rapportées contre l'accusé, et les moyens de sa défense. La loi ne leur fait que cette seule question, qui renferme toute la mesure de leurs devoirs : "Avez-vous une intime conviction ?"** ».

« SILENCE ET RECUEILLEMENT »

* Article 353 du Code de procédure pénale.

SNCF… C'EST PAS TOUJOURS POSSIBLE !

UNE LOI, datée du 15 juillet 1845, se penche, aujourd'hui encore, sur les règles relatives aux chemins de fer. En 2010, ce texte est toujours invoqué par le juge*. Peut-être avec un peu d'humour…

Ainsi, « *il est défendu d'établir, à une distance de moins de vingt mètres d'un chemin de fer desservi par des machines à feu, des couvertures en chaume, des meules de paille, de foin, et aucun autre dépôt de matières inflammables* ».

* Cour administrative d'appel de Bordeaux, 1er avril 2010.

SOS MILLIARDAIRES EN DÉTRESSE !

La République française peut, à la demande ou avec l'accord du prince, faire pénétrer et séjourner sur le territoire de la principauté de Monaco les forces nécessaires à la sécurité des deux États.

Toutefois, cette demande, ou cet accord, n'est pas requis lorsque l'indépendance, la souveraineté ou l'intégrité du territoire de la principauté de Monaco sont menacées d'une manière grave et immédiate et que le fonctionnement régulier des pouvoirs publics est interrompu*.

* Décret du 5 janvier 2006, article 4.

Sous-titres...

Élisabeth II, chef de l'État du Royaume-Uni, est également à la tête du Canada, de l'Australie et de la Nouvelle-Zélande. Sans oublier la Jamaïque et les Bahamas. Bien que symboliques, ces titres illustrent bien l'influence de l'histoire.

Plus étonnant encore : Kim Il-sung, décédé en 1994, reste le chef de l'État en titre de la Corée du Nord.

LE SAVIEZ-VOUS ? Le stationnement ininterrompu de votre véhicule en un même endroit de la voie publique pendant une durée excédant sept jours est considéré comme abusif. Le risque est de se voir infliger une amende. Enfin, l'immobilisation et la mise en fourrière sont possibles en cas d'absence du conducteur ou si ce dernier refuse de mettre fin à cet abus. Attention ! Des arrêtés municipaux peuvent prévoir des durées inférieures à sept jours*.

STATIONNEMENT ABUSIF

* Article R. 417-12 du Code de la route.

TÉLÉPHONE ROUGE

PAS TOUJOURS facile de s'y retrouver lorsqu'on souhaite connaître les différents décideurs en matière de défense. En effet, si le président de la République est « *le chef des armées** », c'est le gouvernement qui dispose de la force armée** et le Premier ministre qui est « *responsable de la Défense nationale**** ». La pratique a tranché : le « patron » de l'armée est le chef de l'État. C'est donc lui qui dispose de la frappe nucléaire et non le gouvernement comme aurait pu le faire penser la Constitution... Le principal n'est-il pas que l'on sache qui peut appuyer sur le bouton ?

* Article 15 de la Constitution.

** Article 20 de la Constitution.

*** Article 21 de la Constitution.

La Palestine faisant l'objet d'une vive rivalité internationale durant la seconde moitié du XIXe siècle, les puissances de l'époque, désireuses de s'implanter en Terre sainte, ont installé des communautés et acquis des terrains ou des bâtiments d'intérêt historique ou religieux.

C'est pourquoi la France bénéficie aujourd'hui de domaines qui sont de véritables enclaves françaises*.

On recense ainsi : le site de l'Éléona qui comprend la grotte dite du Pater, refuge du Christ à Jérusalem ; le domaine d'Abu-Gosh, église romane dont l'Empire ottoman fit cadeau à la France ; le Tombeau des Rois donné par des particuliers à la France en 1886 et le domaine de Sainte-Anne, église romane, offerte à Napoléon III en 1856, sur laquelle flotte le drapeau tricolore. Une messe y est célébrée le 14 juillet.

On se souvient qu'en octobre 1996, le président Chirac, à l'occasion de sa visite en Israël, refusa de rentrer dans l'église Sainte-Anne au motif que s'y trouvaient des militaires israéliens. « Je ne veux pas d'hommes en arme en France », se justifiait-il. Ce n'est qu'une fois les militaires retirés que Jacques Chirac accepta d'y rentrer.

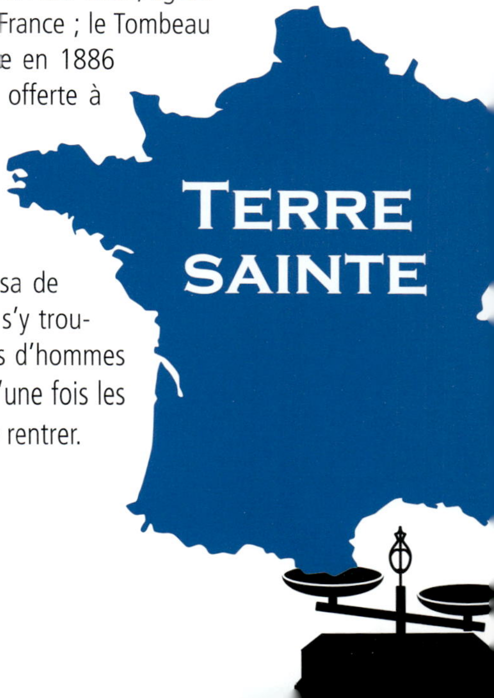

* http://www.consulfrance-jerusalem.org

UNE ENCLAVE est un territoire entièrement encerclé par celui d'un pays étranger. Tel est le cas de Llivia (12 km^2 pour 1 200 habitants), enclave espagnole située dans les Pyrénées-Orientales et relevant de la province autonome de Catalogne. Ce confetti d'Espagne est relié à la mère patrie par une « route neutre » de 4 kilomètres, en fonction depuis trois siècles et demi. L'histoire explique cette situation atypique : la France, en 1659, annexe le Roussillon. Le traité des Pyrénées prévoit que 33 villages reviennent à la France ; or, Llivia n'est pas un village mais une ville et restera donc espagnole. Pour cela, une condition est exigée : que les Espagnols ne puissent jamais fortifier ni ce lieu, ni aucun autre de son territoire, et que les marchandises transportées par des sujets français de l'un à l'autre des 33 villages, et qui devront traverser le territoire de Llivia, soient exonérées de droits. Llivia abrite une caserne de la Guardia civil.

TORTILLAS

Vous êtes dans le département des Pyrénées-Orientales… bienvenue en Espagne !

LE DOMAINE public est la partie du patrimoine des collectivités publiques et est inaliénable, c'est-à-dire que l'administration n'a pas le droit de le vendre. Il n'est, lui non plus, pas épargné par les vieux textes. Ainsi, le Code général de la propriété des personnes publiques précise que « *le domaine public maritime et le domaine public fluvial sont inaliénables sous réserve des droits et concessions régulièrement accordés avant l'édit de Moulins de février 1566* * ».

La loi souligne donc que pour pouvoir revendiquer un droit de propriété sur un domaine public par nature (mer, rivières...), il faut pouvoir justifier d'un acte de propriété antérieur à cet édit adopté par Charles IX, qui régna de 1560 à 1574.

Le juge s'est basé notamment, en 2010, sur ce texte multiséculaire pour trancher un litige**.

* Article L. 3111-2.

** Cour administrative d'appel de Marseille, 24 juin 2010.

TRÉSOR

QUI N'A JAMAIS RÊVÉ – au moins une fois dans sa vie – de découvrir un trésor ? Eh bien, c'est ce qui est arrivé au début du mois de septembre 2008 à un ouvrier.

Ce dernier effectuait des travaux de terrassement dans le département de la Marne et, à cette occasion, a fait une somptueuse découverte.

En utilisant sa pelleteuse, il a donné un coup de godet sur une urne en céramique qui contenait 1 350 pièces romaines datant du IVe siècle après Jésus-Christ.

Dans un tel cas de figure, quel texte doit-on appliquer ?

C'est l'article 716 du Code civil. Écrit en 1804, il n'a depuis jamais été modifié !

Que nous apprend-t-il ? Qu'un « *trésor est toute chose cachée ou enfouie sur laquelle personne ne peut justifier sa propriété, et qui est découverte par le pur effet du hasard* ».

Il ne s'agit donc pas d'un bijou ou d'une liasse de billets que l'on trouve dans la rue sur un trottoir, puisque le bien doit être caché ou enfoui.

Autre condition : personne ne doit pouvoir démontrer qu'il est le propriétaire de ce bien.

Par exemple, des pièces d'or désignées dans un testament mais découvertes deux siècles après ne sont pas un trésor car elles ont un propriétaire que sont les héritiers du défunt*.

Ensuite, il est dit que le trésor ne peut être trouvé que par le pur effet du hasard. Le juge** a donc estimé que des fossiles – bien que cachés et enfouis – ne constituaient pas un trésor si leur découverte est due à des recherches volontairement pratiquées et n'est donc pas fortuite.

Une fois toutes ces conditions réunies, celui qui a découvert le trésor en devient-il l'heureux propriétaire ?

C'est ce même article daté de 1804 qui apporte la réponse. Elle est positive si cette personne a trouvé ce trésor dans son propre fonds, c'est-à-dire chez lui. Dans le cas où une personne a découvert ce bien chez quelqu'un d'autre, elle devra le partager pour moitié.

ENFOUI

* Tribunal de la Seine, 1949.

** Tribunal d'instance de Millau, 1988.

TRIBUNAUX DANS LA CHOUCROUTE

LE FONCTIONNEMENT de la justice n'échappe pas aux particularités de l'Alsace et de la Moselle.

Les tribunaux d'instance ont des compétences plus étendues (tenue de registres, importance des fonctions gracieuses, certificat d'hériter, compétence d'attribution en matière civile et commerciale, contrôle de l'exécution forcée immobilière).

Les tribunaux de commerce, eux, n'existent pas. Ils sont remplacés par une chambre spécialisée du tribunal de grande instance présidée par un magistrat professionnel assisté de deux assesseurs qui sont des commerçants élus pour quatre ans.

UNE FAMILLE EN OR !

EH OUI ! Il existe une médaille de la famille qui peut être obtenue par « *les mères et pères de famille dont tous les enfants sont français qui, par leurs soins attentifs et leur dévouement, ont fait un constant effort pour élever leurs enfants dans les meilleures conditions matérielles et morales** . »

Il existe trois modèles** :

– la médaille de bronze, lorsque les personnes élèvent ou ont élevé quatre ou cinq enfants ;

– la médaille d'argent, lorsque le nombre des enfants est de six ou sept ;

– la médaille d'or, lorsque le nombre des enfants est de huit ou plus.

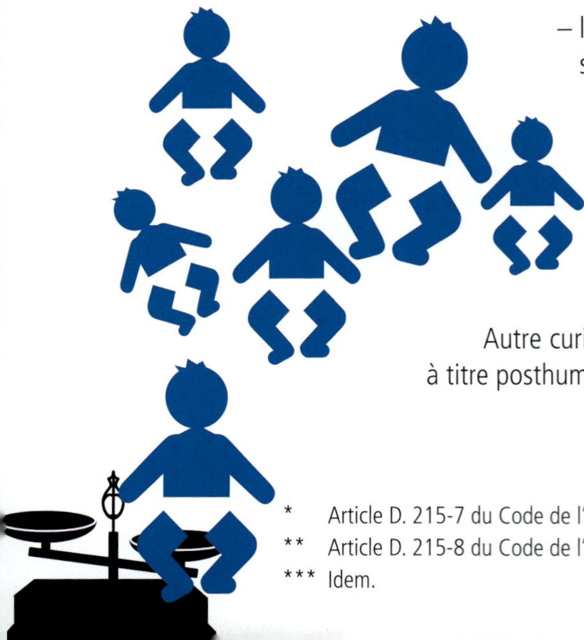

Autre curiosité : cette médaille peut être délivrée à titre posthume***.

* Article D. 215-7 du Code de l'action sociale et des familles.

** Article D. 215-8 du Code de l'action sociale et des familles.

*** Idem.

UN AVOCAT SUR LE MARCHÉ

LES AVOCATS sont soumis à un certain nombre de règles et de devoirs. Ainsi, lors de la prestation de serment, ils jurent d'exercer le métier « *avec dignité, conscience, indépendance, probité et humanité** ». Rappelons que le domaine disciplinaire, étendu par le décret du 27 novembre 1991, énonce, article 183, que « *toute contravention aux lois et règlements, toute infraction aux règles professionnelles, tout manquement à la probité, à l'honneur ou à la délicatesse, même se rapportant à des faits extraprofessionnels, expose l'avocat qui en est l'auteur aux sanctions disciplinaires* ». Ces règles peuvent donner naissance à des situations cocasses. Les médias avaient ainsi relaté l'histoire de cette avocate de Dordogne jouant de l'accordéon sur les marchés, les passants lui versant quelques pièces de monnaie. Le conseil de l'ordre la condamna à plusieurs mois d'interdiction temporaire d'exercice de sa profession. Puis, elle fut relaxée par la cour d'appel de Bordeaux** estimant que le public ne pouvait faire le lien entre la musicienne et l'avocate. Ouf !

* Article 3 de la loi du 31 décembre 1971.

** Cour d'appel de Bordeaux, 3 juin 2003.

URINOIR VANDALISÉ

L'URINOIR de Marcel Duchamp constitue, pour certains, une étape importante de l'art moderne.

Il y a quelques années, alors qu'il était exposé dans un musée, un homme a uriné sur l'œuvre avant de la briser à coup de marteau. Le juge en a profité pour rendre une décision pour le moins cocasse et ironique :

« En effet, si uriner dans un urinoir peut rendre l'objet exposé comme une œuvre d'art à son usage premier, nul ne peut prétendre qu'une pissotière s'utilise à coup de marteau [...]. Mais plane sur ce syllogisme incontournable l'ombre de simplisme, de l'imperméabilité supposée de l'institution judiciaire à toute démarche artistique d'avant-garde [...]. Il s'agirait non pas de vandalisme, mais d'art, d'art de comportement, d'art contemporain*. »

* Tribunal de grande instance de Tarascon, 20 novembre 1998.

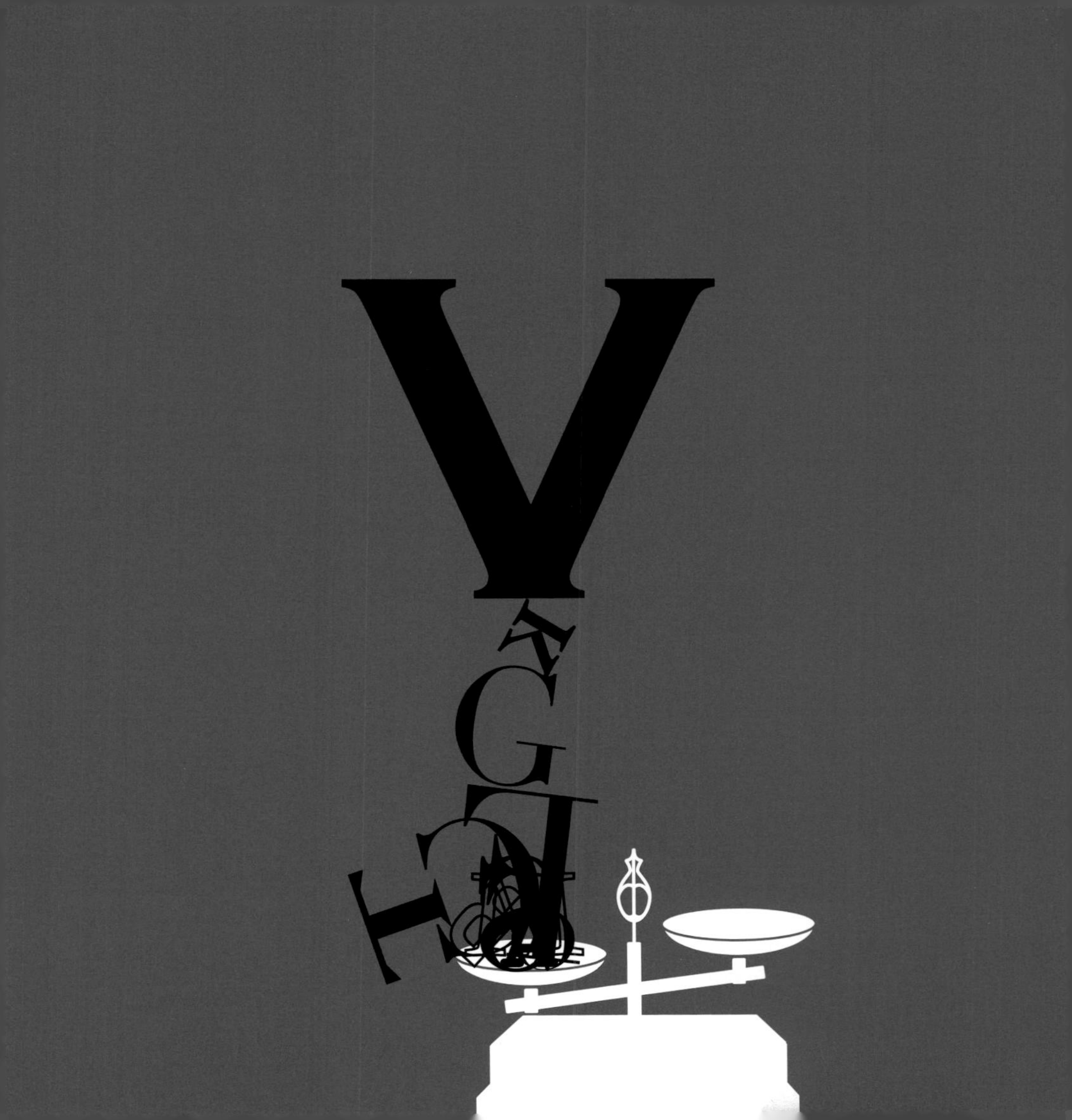

VERRE D'EAU PAYANT !

LES CAFETIERS qui décident de faire payer le verre d'eau font régulièrement l'objet de plaintes. Pourtant, contrairement aux idées reçues, aucun texte n'impose la gratuité du verre d'eau qui n'est qu'un usage et en aucun cas une obligation... sauf pour Mayotte. Cette exception est, en effet, prévue par le Code de santé publique dans le cadre de la lutte contre l'alcoolisme.

VIOLATION LÉGALE DE LA LOI

L'ÉTAT de nécessité est un fait qui exclut la responsabilité pénale d'une personne qui commet une infraction dans le but de sauvegarder un intérêt supérieur menacé par un péril. Prévue par l'article 122-7 du Code pénal, cette situation a été admise par les tribunaux en 1898 qui ont relaxé une mère de famille qui – pour nourrir son enfant qui allait mourir de faim – avait volé de la nourriture. Autre exemple : le conducteur d'un camion – dont les freins lâchent – endommage un mur plutôt que d'écraser des passants ; ou encore des pompiers, qui dans le but de mieux placer leurs lances, saccagent le jardin. Afin que la responsabilité pénale ne soit pas mise en jeu, l'acte commis pour faire face au danger actuel ou imminent doit être nécessaire et proportionné.

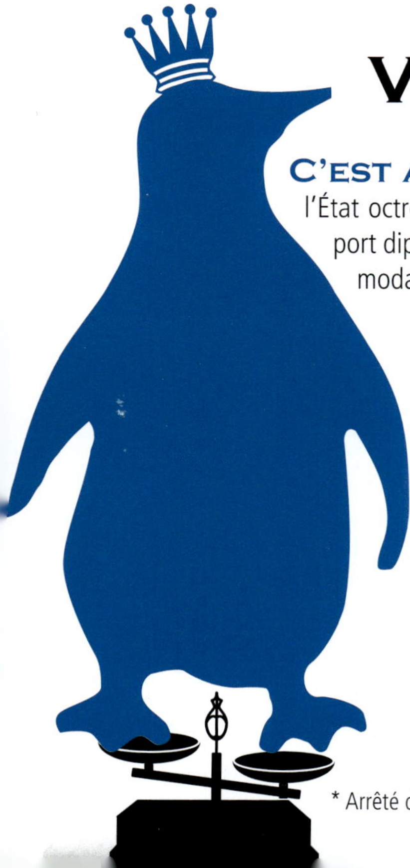

V.I.P.

C'EST AFIN de faciliter leurs déplacements à l'étranger que l'État octroie aux anciens présidents de la République un passeport diplomatique. Raison invoquée par le texte instituant cette modalité ? La « *courtoisie** ».

* Arrêté du 11 février 2009 (*J.O.* du 18 février 2009).

VIVONS HEUREUX, VIVONS CACHÉS

EH BIEN, NON ! Ce proverbe ne se vérifie pas à l'occasion de la célébration du mariage puisque ce dernier ne doit pas être clandestin*. D'où la présence des témoins et l'obligation d'ouvrir les portes de la mairie ou de la salle de mariage afin que tout le monde puisse assister à la cérémonie.

* Article 191 du Code civil.

VOYAGER...SANS BOUGER

LES TRACÉS de frontière, on l'a vu, peuvent comporter des aspects insolites. Il en est ainsi de la frontière franco-espagnole. En effet, par exemple, l'île des Faisans (moins de 3 000 m^2) sur la Bidassoa (rivière des Pyrénées-Atlantiques qui sert de frontière sur quelques kilomètres) est soumise au condominium (régime de co-souveraineté) de l'Espagne et de la France depuis la convention de Bayonne du 2 décembre 1856, amendée par une convention de mars 1901. Concrètement, Paris administre ce territoire du 12 août au 11 février et Madrid du 12 février au 11 août. La France est représentée par le capitaine de frégate commandant la station navale de la Bidassoa. C'est sur cette île qu'a été signé, en 1659, le traité des Pyrénées qui précise que « *les monts Pyrénées qui avaient anciennement divisé les Gaules des Espagnes seront aussi dorénavant la division des deux mêmes royaumes* » (article 42). Aujourd'hui, malheureusement, cette île ne se visite plus. Enfin, il est amusant de noter que la frontière franco-espagnole est délimitée par 602 bornes de l'Atlantique à la Méditerranée. La première se situe sur les bords de la Bidassoa et la dernière est plantée... dans une grotte marine.

L'HISTOIRE explique l'existence d'un droit local* dans l'est de l'Hexagone, c'est-à-dire dans les trois départements du Haut-Rhin, du Bas-Rhin et de la Moselle. En effet, à la suite de la guerre perdue en 1870, la France céda à l'Allemagne l'Alsace, une partie des départements de Moselle, de Meurthe et des Vosges. Jusqu'en 1918, l'Allemagne y a introduit sa législation, en maintenant cependant certaines règles anciennes du droit français. Ce dernier, après la Première Guerre mondiale, s'est de nouveau appliqué sur ce territoire, mais de nombreuses dispositions de droit local sont restées en vigueur et certaines n'ont même jamais été traduites en français, le juge ayant estimé que l'application d'une règle de droit local n'est pas subordonnée à une traduction officielle, ni à une nouvelle publication. Ainsi, les troubles apportés à l'exercice d'un culte sont sanctionnés en vertu de l'article 167 du Code pénal… allemand, maintenu en vigueur en Alsace et en Moselle.

* Le droit local représente, aujourd'hui, 5 % du droit applicable en Alsace et Moselle.

X (SOUS)

« **LORS DE L'ACCOUCHEMENT,** *la mère peut demander que le secret de son admission et de son identité soit préservé*. »*

Aucune pièce d'identité n'est donc exigée de la mère et il ne sera procédé à aucune enquête. Elle peut faire connaître les prénoms qu'elle souhaite voir attribuer à l'enfant. À défaut, l'officier de l'état civil choisit trois prénoms et le dernier tient lieu de nom de famille**.

Avec l'Italie, la France est l'un des rares pays à accepter officiellement l'accouchement sous X.

Le Conseil national de l'accès aux origines personnelles*** a cependant enregistré – au 31 décembre 2008 – 3 889 demandes d'enfants nés sous X, adoptés ou pupilles d'État qui étaient à la recherche de l'identité de leurs parents.

* Article 326 du Code civil.

** Article 57 du Code civil.

*** cnaop.gouv.fr

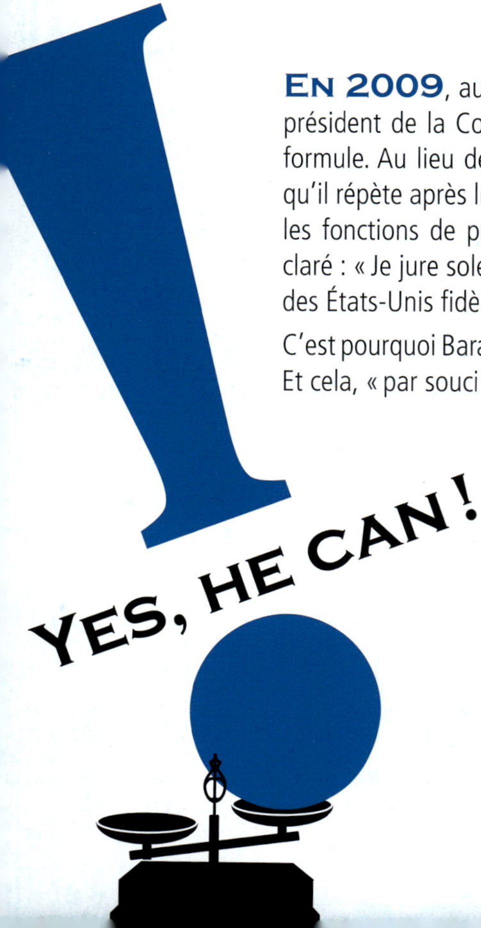

EN 2009, aux États-Unis, lors de la prestation de serment, le président de la Cour suprême a récité dans le désordre la célèbre formule. Au lieu de proclamer, à l'adresse de Barack Obama, pour qu'il répète après lui : « Je jure solennellement de remplir fidèlement les fonctions de président des États-Unis », le magistrat avait déclaré : « Je jure solennellement de remplir les fonctions de président des États-Unis fidèlement ».

C'est pourquoi Barack Obama a souhaité de nouveau prêter serment. Et cela, « par souci de précaution ».

Zéro virgule cinq centimètre !

Mieux vaut l'écrire en toutes lettres pour le croire. Cette distance insignifiante a fait l'objet d'un litige pendant plusieurs années. L'histoire est relativement simple : les propriétaires de deux terrains contigus érigent une clôture mitoyenne. L'un d'entre eux porte plainte contre l'autre pour non-respect de cet accord.

Le juge désigne un expert qui relève un empiètement de 0,5 centimètre. En 2000, la cour d'appel donne tort au plaignant au motif que cet empiètement est négligeable.

Mais c'était sans compter la Cour de cassation. Cette dernière estime qu'en statuant ainsi, le juge n'a pas respecté la règle selon laquelle « *nul ne peut être contraint de céder sa propriété, si ce n'est pour cause d'utilité publique, et moyennant une juste et préalable indemnité** ».

La Cour de cassation** casse donc la décision de la cour d'appel… Tout ça pour ça !

* Article 545 du Code civil issu d'une loi de 1804.

** Cour de cassation, chambre civile III, 20 mars 2002.

Plus d'informations sur...

- Les particularités des **Départements d'Alsace et de Moselle** sont suffisamment importantes pour qu'existe un Institut du droit local alsacien-mosellan :
  L'Institut du droit local alsacien-mosellan
  8, rue des Écrivains
  67061 Strasbourg Cedex
  www.idl-am.org

- Le texte de l'ordonnance de **Villers-Cotterêts** (page 36) se trouve sur le site :
  www.assemblee-nationale.fr/histoire/villers-cotterets

- **L'hôtel situé entre la France et la Suisse** (page 62) :
  www.arbezie-hotel.com/fr.html

- **Le diocèse de Gap et d'Embrun** traitant de la question du proto-chanoine de la Cathédrale d'Embrun (page 137) :
  www.diocesedegap.com/article-6551399.html

Achevé d'imprimer sur les presses de la SEPEC

Dépôt légal : Novembre 2010

4810002/01

IMPRIM'VERT®